GUERRE DE 1870-1871

—

CINQ MOIS

DE CAPTIVITÉ !

ORLÉANS. — IMPRIMERIE ERNEST COLAS.

CINQ MOIS

DE CAPTIVITÉ

RÉCITS

D'UN PRISONNIER CIVIL EN PRUSSE

PAR

GUSTAVE FAUTRAS

Instituteur, Ancien élève de l'Ecole normale d'Orléans.

ORLÉANS

SEJOURNÉ, LIBRAIRE-EDITEUR

41, RUE DES CARMES, 41

—

1875

LETTRE DE M. GUISELIN,

INSPECTEUR DE L'UNIVERSITÉ DE FRANCE

Orléans, le 9 Décembre 1871.

MON CHER INSTITUTEUR,

J'ai lu avec un vif intérêt le récit de vos premiers jours de captivité. L'accent simple et vrai, le sentiment patriotique et la résignation virile qu'on trouve à chaque page m'ont profondément ému.

Avec vous je fais des vœux du fond du cœur pour que Dieu relève notre pays, qu'il lui rende les vertus privées sans lesquelles il n'est pas de grand peuple, et qu'un jour il nous permette de montrer à ces Germains odieux, dont vous avez raconté les cruautés d'une façon si saisissante, ce que vaut la générosité du soldat français après la victoire.

En attendant, il faut que nous gardions religieusement la mémoire de ce que la France a souffert, et que chacun ait écrit dans son cœur, même en allemand : *Rache von 1870 und 1871 !*

Votre récit serait assurément bien propre à entretenir ce souvenir.....

VIII

Pour ma part, je vous remercie de me l'avoir communiqué, et je lirai avec non moins de sympathie la dernière partie de l'œuvre.

Recevez, mon cher Instituteur, l'expression de mes meilleurs sentiments.

L'Inspecteur d'Académie,

CH. GUISELIN.

LETTRE DE M. TRANCHAU,

INSPECTEUR DE L'UNIVERSITÉ DE FRANCE.

Orléans, le 24 Octobre 1872.

Monsieur l'Instituteur,

Je vous envoie, avec tous mes remerciements pour le plaisir mêlé d'émotion que j'ai
eu à le lire, le manuscrit qui raconte d'une
façon si touchante votre captivité et votre retour de Stettin en France... L'intérêt se sou-
tient jusqu'au bout, et votre livre sera lu.

Pour avoir l'autorisation écrite de M. le Rec-
teur, il faudrait qu'il pût lire le manuscrit. Il
est, comme moi, trop occupé pour le lire vite,
et vous avez raison de désirer que l'impression
s'en fasse rapidement. Ce récit perdrait de
son intérêt s'il était publié trop tard. Je vous
autorise donc volontiers à le livrer à l'impri-
meur : je ferai tout le possible pour aider au
succès de l'ouvrage.

Recevez, Monsieur l'Instituteur, l'as-
surance de ma considération très-distinguée.

L'Inspecteur d'Académie,

TRANCHAU.

AVANT-PROPOS

C'est sur la demande de quelques-uns de mes confrères, de tous mes compagnons de captivité et d'un grand nombre d'autres personnes que j'ai écrit ces lignes.

En les livrant à l'impression, je n'ai point la prétention d'offrir au public un livre parfait; je n'ignore pas combien encore il contient d'incorrections, et je ne saurais trop, au point de vue littéraire, solliciter l'indulgence du lecteur. D'un autre côté, c'est le récit fidèle, exact dans ses moindres détails, de ce que nous avons souffert sur le chemin de Prusse et sur la terre étrangère.

J'ai pensé du reste que ce récit appartenait à l'histoire, et qu'il était bon que l'histoire l'enregistrât.

La Prusse, espérons-le, n'aura pas exercé impunément sur notre sol ces cruautés et ce vandalisme d'un autre âge, que nous concevions à peine des premiers siècles : peut-être un jour retrouverons-nous des plaines catalauniques. Entretenir en nos cœurs le souvenir des souffrances passées et le désir de la revanche future, telle a donc été l'inspiration qui m'a guidé en écrivant.

Un autre motif m'a engagé à publier cette relation. Au moment de mon départ de Stettin, le 1er mars 1871, je rencontrai à la gare un officier prussien qui avait commandé la compagnie où j'étais versé, et qui me connaissait. « De retour en France, me dit-il, vous raconterez « certainement de quelle manière vous a traités « l'administration prussienne, vous et tous ces « prisonniers civils. Sans doute vous ne direz « pas là-dessus de bonnes choses. » — « Telle « est, en effet, mon intention, monsieur, ré- « pondis-je. Et, comme vous l'avez pensé, ce « que je pourrai dire ou écrire ne sera sûrement « pas à la louange de votre gouvernement. » Il se mordit les lèvres. « Eh bien ! faites-le, réprit- « il ; mais en même temps, apprenez la langue « allemande à vos petits enfants : vous en avez « besoin, vous autres, Français. Adieu ! ... » Une minute plus tard, le train quittait la capitale poméranienne, nous emportant vers la France.

Je n'aurai point menti à cet orgueilleux ennemi. Si les enfants que je suis chargé d'instruire n'apprennent pas la langue allemande, ils apprendront au moins dans ce récit ce qu'ont souffert leurs pères. Dans quelques années ils seront soldats, et cette histoire qu'ils reliront, entretiendra, je l'espère, en leurs cœurs, la haine de la barbarie, la haine du joug étranger, cette haine qui est une force et une vertu.

GUSTAVE FAUTRAS.

PREMIÈRE PARTIE

D'ORLÉANS A STETTIN.

CHAPITRE PREMIER

10 ET 11 OCTOBRE.

Arrestation. — Combat d'Ormes. — Exécution de deux vignerons. — Actes de barbarie.

La journée du 10 octobre avait été funeste aux armes françaises. De huit heures du matin à quatre heures du soir, nous avions entendu gronder le canon à quelques kilomètres de nous. Les personnes qui nous arrivaient dans la soirée nous apprenaient qu'après une lutte acharnée, nos soldats avaient été refoulés vers Orléans, qu'ils avaient fait des prodiges de valeur, mais que la supériorité du nombre, comme toujours, l'avait emporté sur la bravoure, et qu'enfin la bataille d'Artenay était perdue pour nous.

Cette douloureuse nouvelle nous avait tous jetés dans une frayeur extrême ; il n'était pas douteux, après ce combat, que les Prussiens ne se dirigeassent simultanément sur Orléans par les routes de Paris et de Châteaudun, et pour parvenir à cette dernière, ils devaient nécessairement traverser notre village (1), placé à deux lieues à peine d'Ormes, un des bourgs les plus rapprochés de la ville. Dieu sait dans quelle anxiété nous passâmes la nuit du 10

(1) Bricy, bourg du canton de Patay, à 16 kilomètres Nord-Ouest d'Orléans.

au 11, la dernière où nous reposâmes dans nos foyers avant notre captivité ! A chaque instant nous croyions entendre, sur le pavé de notre unique rue, retentir les fers des chevaux prussiens, nous croyions apercevoir de loin, à la faveur d'un clair de lune superbe, les casques des *uhlans*. Mais notre frayeur était vaine à ce moment ; les Prussiens, on le sait, n'opéraient la nuit qu'avec la plus grande perspicacité ; ils craignaient trop les surprises pour risquer des mouvements stratégiques importants pendant l'obscurité. Ces soldats du Nord qu'on a tant vantés, ne se sentaient en sûreté, pendant toute cette guerre, qu'à l'abri d'un bois ou d'un accident de terrain ; encore fallait-il qu'ils sachent qu'ils combattaient six contre un, et qu'ainsi ils remporteraient la victoire par la supériorité de leurs masses. Ce n'est pas là de la vaillance ; nos ennemis étaient loin de cette *furia francese* qui, depuis Charles VIII, nous a couverts de tant de gloire, mais nous a menés aussi à tant de malheurs !

Il était évident que du côté d'Ormes non plus, les Prussiens n'entreraient pas à Orléans sans combat. Quelques travaux de défense avaient été faits en ce lieu : des tranchées creusées, des arbres abattus devaient sinon arrêter l'ennemi, du moins retarder sa marche. Le temps n'avait pas permis de multiplier davantage les obstacles ; mais, bien défendus, ceux-ci pouvaient encore offrir quelque chance de succès si l'armée ennemie eût été moins nombreuse. Nous n'avions là, en effet, que 2 ou 3,000 hommes, arrivés à Orléans à deux heures du matin, et rendus à Ormes à sept heures pour se battre à onze. Ce faible détachement, qu'on opposait à un corps de 10 à 12,000 hommes, formait l'avant-garde de l'armée de la Loire, qu'on disait organisée, mais qui ne l'était point, et on l'offrait en sacrifice pour sauver présentement la situation, en donnant aux troupes françaises le temps de se concentrer (1).

Le 11 octobre, à huit heures du matin, les coureurs prussiens sont tout à coup signalés à un kilomètre du bourg; ils venaient d'Artenay par Sougy et Huêtre, et ce que nous avions prévu arrivait. Mais nous autres, civils, nous n'avions pas même pensé à fuir, et pour moi, personnellement, le devoir me commandait de ne point abandonner mon poste. Que craignions-nous, du reste? Nous n'avions pas d'armes, et toute idée de révolte était loin de nous; de plus, eussions-nous eu des fusils qu'il ne nous eût pas été possible de nous en servir. N'eût-il point été absurde à 60 ou 80 paysans de faire feu sur tout un corps d'armée? Nous restâmes donc tous, n'ayant aucun pressentiment du terrible événement qui nous enlevait quelques minutes plus tard de nos foyers.

Les premiers éclaireurs étaient apparus dans notre village en demandant la route de Boulay, et avaient continué leur reconnaissance vers ce lieu; c'étaient des hussards. Je me rendais alors à mon école; une cinquantaine de cavaliers, postés devant la porte, m'empêchant d'entrer, je dus me réfugier dans une maison voisine. Quelques instants après, on m'apprit que deux hussards entraînaient par les cheveux un malheureux ouvrier; on ignorait le motif de son arrestation. Presque aussitôt, paraît-il, un ordre est donné aux cavaliers placés devant l'école, et ceux-ci se répandent instantanément dans le bourg et en-

(1) Ce détail m'a été donné par un sous-officier du 36e de ligne, qui le tenait lui-même du général Abbatucci.

vahissent les maisons. Une minutieuse perquisition commence ; les Prussiens nous faisaient comprendre par gestes,
avec force menaces, qu'ils recherchaient des armes : nos
réponses ne pouvaient être que négatives. Alors, dans leur
brutalité, ces soldats inhumains ouvraient les meubles,
renversaient les lits, et frappaient les personnes qu'ils
trouvaient dans les appartements. Moi-même je fus bous-
culé, presque renversé, menacé du fusil et du sabre dans
la maison où j'étais entré ; la femme pleurait, les enfants
même n'étaient point épargnés et sanglotaient dans un
coin. Forcé de sortir de là pour éviter les coups des Allemands, je cherchai refuge dans le plus proche local, car
déjà les cavaliers encombraient la rue. Ici, comme ailleurs, la recherche avait eu lieu de la cave au grenier.
Je bénissais Dieu de voir s'éloigner ces grossiers visiteurs,
mais, hélas ! il me réservait à bien d'autres épreuves !
Depuis quelques instants des groupes d'hommes passaient,
emmenés par des cavaliers prussiens ; je supposais qu'on
rassemblait les habitants pour une réquisition, et j'atten-
dais mon tour sans chercher à m'esquiver. Il ne tarda
point ; un hussard entra, le sabre à la main: « Venez, »
dit-il en français, et il me força de suivre, à travers une
double haie de chevaux, les paisibles ouvriers que ses
compagnons venaient si brusquement d'arracher de leurs
maisons.

Tout ce que les Prussiens purent trouver d'hommes
dans le bourg fut réuni dans une petite chambre à l'extrémité du village ; des invalides, des vieillards de 68 et
72 ans n'en furent point exempts ; les coups de sabre et
les coups de crosse les avaient fait sortir de leurs demeures : beaucoup, hélas ! n'y devaient jamais rentrer !...

Entassés dans l'étroite maisonnette dont je viens de parler, nous commencions à craindre, et nous nous demandions à voix basse ce qu'on pensait faire de nous. L'ouvrier qu'on avait vu conduire avec si peu de ménagement avait, disait-on, été pris les armes à la main, au moment où il cachait son fusil dans une haie, et les Prussiens venaient de fusiller ce malheureux (1) : l'un de nous l'avait vu tomber, frappé de nombreux coups de feu. Allions-nous subir le même sort? Cette question était dans toutes les bouches ; mais non, les soldats de Guillaume ne pouvaient pousser l'inhumanité jusqu'à massacrer cinquante innocents. Cependant les journaux nous avaient donné tant de récits où les lois de la guerre avaient été violées par ces barbares, qu'il nous était bien permis de trembler. Quelques-uns prétendaient que les Prussiens nous avaient rassemblés là pour ne pas nous rendre témoins du pillage de notre pays.

Pendant plus d'une heure, nous restâmes dans cette chambre, d'où nous vîmes défiler, à cent mètres, l'infanterie, l'artillerie et la cavalerie prussiennes, avec tout le matériel de guerre du corps ennemi. Enfin on nous fit sortir et mettre sur deux rangs à la porte de cette même maison ; on nous compta à plusieurs reprises, après quoi les cavaliers nous confièrent à la garde de fantassins Hessois, qui nous firent immédiatement marcher vers Orléans, c'est-à-dire suivre l'armée ennemie.

Il était triste, à ce moment, de voir ces ouvriers et ces vieillards, les uns en blouse ou vêtus d'un simple gilet, les

____

(1) Blondin, ouvrier-maçon ; dans la tête seulement il avait reçu cinq balles.

autres chaussés seulement de sabots, conduits par la baïonnette prussienne, et croyant marcher à la mort ! Les soldats nous répétaient à satiété que nous allions être fusillés, et tout nous portait à croire que ceci était vraiment dans leur pensée quant à l'exécution. Déjà, un officier à qui j'avais voulu demander la cause de notre arrestation, en lui déclarant que j'étais instituteur, m'avait répondu brusquement :

« Vous êtes maître ! Eh bien ! vous serez d'abord battu « de verges, puis vous mourrez avec vos compagnons, en « avant de nos lignes, mitraillés par vos propres canons. A « vous, ajouta-t-il, cela vous apprendra à mieux gouverner « votre commune. »

« Je ne gouverne que mes élèves, Monsieur, » répartis-je ; mais il ne voulut point m'entendre davantage.

Nous souffrions cruellement à cette pensée de nous voir exposés les premiers aux balles des Français ; ce n'était là pourtant que le commencement de nos souffrances, et elles n'étaient rien comparées à celles qui devaient suivre.

Les canons prussiens cependant tonnaient déjà et bombardaient le village des Barres, pour en faire déloger les Français qui auraient pu s'y abriter ; mais nos artilleurs ne répondant point à cette distance, l'ennemi transporta plus loin ses caissons, dans les plaines de Vessard, où le feu s'engagea résolûment, quoique avec des chances très-inégales

Les Prussiens, en effet, possédaient une artillerie nombreuse, 40 pièces environ, avec une cavalerie très-importante et une infanterie considérable ; les Français, eux n'avaient qu'une batterie, et ce faible corps d'infanterie dont j'ai parlé plus haut. Dans ces conditions, la lutte évi-

demment ne pouvait être longue, et l'issue n'en était
point douteuse.

Le combat avait commencé par une vive canonnade du
côté des Prussiens ; nos soldats y répondirent d'abord
par une fusillade si bien nourrie que l'ennemi, un moment,
dut battre en retraite de quelques centaines de mètres.
Nous assistions à ce combat, sous la garde des Allemands,
à un kilomètre à peine du feu. A ce recul de l'ennemi,
plusieurs boulets français vinrent siffler au-dessus de nos
têtes, et l'on nous fit suivre le mouvement rétrograde. Les
Prussiens, en bons tacticiens, avaient dissimulé leur cavalerie derrière quelques fermes éparses dans la plaine ; elle
se tenait prête à charger, dans le cas d'une véritable retraite de l'armée allemande. Ses fantassins lui épargnèrent
ce soin : ils étaient trop nombreux pour ne point l'emporter.
Pendant plus de trois heures cependant nos soldats leur
opposèrent une résistance opiniâtre ; à deux heures du
soir, leur feu commença à diminuer ; à quatre heures, il
avait complétement cessé, et les Prussiens reprenaient
leur marche vers Orléans.

Assis dans un champ et entourés de gardiens, nous
attendions impatiemment la fin de cette lutte, pensant que
l'avantage des Prussiens serait pour nous le moment de la
délivrance. Nous nous trompions beaucoup, car à peine
la marche des troupes était-elle commencée, qu'on nous
ordonnait brusquement de nous relever, et qu'on nous
poussait, la baïonnette au dos, dans la direction d'Orléans.

Nous passâmes sur le lieu du combat : c'était la première fois que je voyais un champ de bataille. Il ne devait
point sans doute ressembler aux immenses massacres de

Freischwiller, de Forbach ou de Sédan ; néanmoins, j'en garderai longtemps le souvenir.

A la ferme de Bois-Girard (1), étaient rassemblés les prisonniers français faits dans la journée, au nombre de six à sept cents, avec une vingtaine de personnes civiles, enlevées comme nous, sans motif, soit à Boulay, soit à Ormes ou ailleurs.

Mon cœur se serra péniblement à la vue de ces braves enfants de la France, et les pleurs mouillèrent mes yeux. Je pensais, du reste, à ce que nous allions devenir ; je cherchais à deviner la cause d'une arrestation aussi injuste, et je me demandais avec effroi quel en pouvait être le dénoûment...

C'est à cette ferme de Bois-Girard qu'eut lieu, le soir de ce même jour, 11 octobre, un acte abominable de cruauté. Je n'en fus pas témoin, et j'en suis heureux ; mais il fut accompli sous les yeux de plus de sept cents Français, et j'aime à croire que leur affirmation suffira à l'Europe, pour que celle-ci flétrisse hautement la conduite des officiers prussiens qui l'ont ordonné, ou qui l'ont laissé exécuter.

Deux vignerons d'Ormes avaient été amenés brutalement, en ce lieu, où on les avait liés étroitement l'un à l'autre. De quelle manière avaient ils été pris ? On l'ignorait (2). Les Prus-

(1) De la commune d'Ormes.

(2) J'ai appris depuis le motif de leur arrestation : Un soldat français, embusqué dans leur maison, faisait feu sur l'ennemi ; en quelques instants il avait étendu morts sur le chemin huit bavarois. Quand l'ennemi fit irruption dans cette maison, les deux vignerons sortaient de

siens disaient les avoir saisis au moment où ils tiraient sur leurs ambulances, et montraient pour preuve un fusil de chasse qu'ils avaient apporté. Le fait est peu probable, et d'après le témoignage des personnes qui connaissaient ces deux hommes, il est impossible. C'étaient de paisibles gens nullement habitués aux armes : jamais on n'avait vu un fusil entre leurs mains. Les Prussiens, sans nul doute, avaient trouvé chez ces malheureux vignerons la carabine rouillée qui servait de prétexte à leur inique accusation, et, pour cette raison seule, les avaient conduits au quartier des prisonniers français. Toujours est-il que leur jugement ne fut point long : il fut décidé, en conseil prussien, qu'ils seraient immédiatement fusillés. L'un était âgé de quarante-cinq ans, l'autre de trente-deux (1) ; toujours attachés l'un à l'autre, ces infortunés pères de famille s'agenouillèrent sous la main du prussien, pendant que leurs bourreaux se rangeaient en deux lignes, pour jouir de l'incroyable assassinat qu'ils allaient commettre. A quelques pas, quatre soldats attendaient l'ordre qui devait consommer le forfait. Les protestations des malheureux paysans, leurs pleurs et leurs cris, ne purent les attendrir. « Je meurs « innocent, » criait le plus âgé au milieu de ses larmes... « Adieu ! mes amis, » répétait l'autre d'un ton plus ferme. A peine cet adieu déchirant était-il prononcé que quatre

la cave où ils s'étaient cachés. Livrés à la brutalité d'une soldatesque exaspérée, furieuse, ils furent immédiatement désignés pour être les auteurs de la mort des huit hommes qui gisaient près de là, et conduits à Bois-Girard où ils furent fusillés.

(1) Frédéric Rouilly, père de deux enfants, et Joseph Rousseau, père d'un enfant.

coups de feu frappaient les deux innocents en pleine poitrine. La mort du plus vieux fut instantanée, le second
respirait encore ; un soldat prussien s'approcha de lui et
l'acheva en lui déchargeant, à bout portant, son arme dans
la tête. L'exécution était faite, mais nos ennemis s'étaient
souillés d'une tache ineffaçable.

Les prisonniers français assistaient forcément à cet horrible spectacle. L'assassinat consommé, un officier prussien
se tourna vers eux, et leur dit : « Ainsi seront traités tous
« ceux qui, comme ces deux brigands. tireront sur nos blessés
« et dép uilleront nos morts ; les soldats, eux, seront
« respectés, il ne leur sera fait aucun mal. Criez bravo
« et vive la Prusse. » Il est très-regrettable que quelques
soldats aient obéi à cette injonction d'un supérieur étranger:
des applaudissements retentirent, et quelques cris de
« Vive la Prusse ! » se firent même entendre.

Certes, je ne crains pas de le dire, ces hommes-là, ainsi
que ceux qui s'agenouillaient de peur en demandant
pardon, ne méritaient pas le nom de français ; ils étaient
indignes de servir dans notre valeureuse armée. Mais je
le répète, pour notre consolation, le nombre de ceux qui
ternirent ainsi leur honneur fut bien petit. Un soldat blessé,
l'épaule ensanglantée, protestait, dans le délire de la fièvre,
contre de semblables démonstrations: « Vous êtes des lâches,
criait-il d'une voix forte. » Vive la France ! A bas la Prusse!
« Voilà les seules paroles que vous devez faire entendre
« en ce moment. Ah ! donnez-moi un fusil, que je tue
« encore un prussien avant de mourir..... » Il tomba,
lui aussi, le malheureux, quelques instants après, épuisé
par la fatigue et par le sang qu'il avait perdu.

Pendant ce temps, les soldats prussiens s'étaient précipités sur les vignerons qu'ils venaient de fusiller, et, avec une joie féroce, examinaient les trous que leurs balles avaient faits. Rassasiés de cette vue, et contents de leur œuvre de cruauté, ils se retirèrent ensuite avec les officiers dans l'intérieur de la ferme, où ils chantaient en chœur, quelques minutes plus tard, leur air national : « *Die Wacht am Rhein !* (1) »

A l'Europe le soin de juger de tels actes !.... Les raconter, n'est-ce pas déjà flétrir la nation entière à laquelle appartiennent les soldats qui ont pu les exécuter ?

Plus tard, je voyais ce fait relaté dans l'édition belge du *Gaulois*, à la date du 5 décembre, et sous le titre : *Occupation d'Orléans.* L'auteur ajoutait avec raison que de semblables actes mettaient les soldats du roi Guillaume au rang de nos anciens chauffeurs de l'ouest, ou des bandits italiens du dernier siècle. Tout le monde dira comme lui, et les générations futures liront un jour, avec stupéfaction, que les abominations d'Attila se sont renouvelées en 1870, sous la protection du roi de Prusse, qui aura gagné ainsi le titre pompeux d'empereur d'Allemagne...

Les prisonniers civils de Bois-Girard, le même soir, avaient voulu réclamer contre leur arrestation. Pour toute réponse et pour toute consolation, l'officier prussien auquel ils s'adressaient leur avait dit durement, avec un geste tout-à-fait significatif : « Demain, ce sera votre tour. »

Nous autres, habitants de Bricy, nous ne nous arrêtâmes point en ce lieu; nous continuâmes de marcher sur Orléans. Jusque-là le champ de bataille ne se distinguait presque pas : quelques moutons, frappés par les balles, étaient

____

(1) « La garde aux bords du Rhin ! »

disséminés çà et là ; un artilleur prussien gisait dans son sang, la face contre terre. Mais en arrivant au bourg d'Ormes, à la jonction des routes du Mans et de Chartres, un désolant spectacle s'offrit à notre vue. C'était en cet endroit et dans les vignes d'alentour que le combat avait été le plus meurtrier ; une ferme entière était en feu, les premières maisons criblées de boulets, les branches des arbres répandues sur le sol. . . . . . Et, ce qui était plus navrant, de malheureux soldats français, épars dans les vignes et les champs, dormaient là aussi du dernier sommeil : l'un d'eux, étendu dans un fossé de la route, avait la moitié de la figure emportée ; à ses côtés, la poitrine ouverte par un boulet, gisait un autre infortuné ; plus loin, un troisième, s'appuyant péniblement sur les mains, s'efforçait de soulever sa jambe broyée par un obus ; plus à droite, et à quelque distance de la route, une vingtaine de nos fantassins, frappés par la mitraille, étaient couchés les uns à côté des autres. . . . . . . Puis c'était encore des sacs, des gibernes, des cartouches, des képis, des fusils brisés, qui jonchaient le sol... Mais j'arrête là ce tableau si triste et pourtant si incomplet... « Les Français ont perdu aujourd'hui une « grande bataille, » me disait dans notre langue un jeune allemand, en étendant la main sur ces champs couverts de blessés et de morts ; « l'armée de la Loire n'existe plus ! » Et il s'éloigna après cette fanfaronnade, en chantant le refrain de 1830 :

En avant, marchons
Contre leurs canons.......

« *L'armée de la Loire n'existe plus !...* » J'ai été surpris, pendant notre captivité, de retrouver cette phrase dans les journaux de Stettin ; les Prussiens croyaient fermement, par le combat du 11 octobre, avoir anéanti complètement l'armée de la Loire.

Nos pertes, dans cette journée, avaient été grandes ; mais celles de l'ennemi n'avaient pas été moindres, bien au contraire ; nos chassepots, à défaut d'artillerie, avaient fait merveille, et les soldats nous disaient plus tard qu'à la portée de 400 mètres, alors que les Prussiens s'avançaient en colonnes serrées, les balles françaises avaient fait dans leurs rangs des ravages considérables. Un sergent du 36e de ligne, blessé et fait prisonnier au combat d'Ormes, puis interné avec moi à Stettin, me raconta de ce combat l'épisode suivant, digne des Spartiates de Léonidas : Un sous-officier et un soldat, cachés derrière une tranchée, faisaient feu sur l'ennemi. Cependant celui-ci avançait rapidement, et bientôt ne fut plus qu'à quelques pas de nos braves tirailleurs : « Soldat, dit alors le sous-officier, voici « le moment de mourir, car en France, on ne se rend « pas... Joue! ... Feu!... » Et deux balles allèrent frapper mortellement deux Prussiens ; mais immédiatement nos héroïques soldats tombèrent, à leur tour, troués par les projectiles d'une trentaine de fusils à aiguille.

Le soir de ce jour néfaste approchait, mais aussi la fatigue commençait à s'emparer de nous : presque tous nous n'avions pris aucune nourriture depuis la veille.

Nous nous engageâmes dans les lignes ennemies qui couvraient la route, exposés à chaque pas aux coups de poing d'un soldat brutal et aux menaces de tous. Vers le milieu d'Ormes, on nous fit arrêter, et là encore, nous vîmes passer sous nos yeux fantassins, cavaliers et caissons. Que de fois, mon Dieu, servîmes-nous en ce lieu de point de mire à un fusil bavarois, et vîmes-nous briller près de nous la lame aiguisée d'un sabre prussien ! Combien aussi reçumes-nous là de débris de pommes sur la tête, et de crachats à la figure !...

Après un assez long arrêt, nous nous remîmes en marche. En traversant le bourg d'Ormes, nous pouvions voir les vainqueurs du jour briser avec la baïonnette les vitres des fenêtres, ou enfoncer à coups de crosse les portes des maisons. Pays essentiellement vignoble, le vin ne manquait point en cette commune. Les Prussiens en avaient exposé de pleins tonneaux le long de la route, les avaient défoncés, et tous n'avaient qu'à se baisser pour remplir leurs bidons et pour se gorger du produit de nos crûs. Ils ne s'en privèrent point ; aussi ne tardèrent-ils pas pour la plupart à tomber dans la plus profonde ivresse : en cet état, ils étaient d'une brutalité inconcevable, et leurs menaces de mort plus terribles que jamais.

Dans ce parcours, l'on nous adjoignit une femme et quelques hommes ; parmi ceux-ci se trouvait un turco habillé en civil. C'était un évadé de Sédan ; il avait pu s'échapper des mains de nos ennemis, traverser toutes les lignes prussiennes, et il venait de nouveau se faire prendre près d'Orléans, à plus de cent lieues de son point de départ ; mais il était dit qu'il ne resterait point aux mains des Allemands ; quelques jours après, il parvint une seconde fois à tromper leur vigilance, et resta, dans le cours d'une étape, à la Ferté-Alais. La femme qui nous accompagnait avait été prise avec son fils à Ingré ; elle provoquait les rires des Prussiens par la frayeur qu'elle témoignait : ses pleurs mêmes ne faisaient qu'exciter leur hilarité.

Les fantassins et les chevaux encombraient tellement

la route que nous pouvions à peine avancer. Cette lenteur impatienta nos hessois, qui nous firent détourner sur la droite, pour continuer, à travers les vignes, notre marche en avant.

Le feu était vif à ce moment encore au faubourg des Aydes (1). Nous entendions, à quelques kilomètres, les effrayantes et incessantes détonations du chassepot. Elles durèrent longtemps, et continuèrent alors que la nuit enveloppait déjà d'un voile sombre les plaines environnantes. Les Prussiens, dès les premiers coups, avaient incendié nombre de maisons du faubourg, et nous apercevions, du lieu où nous étions, la lueur blafarde de cet immense incendie.

Cependant la poignée de braves qui, à eux seuls encore, arrêtaient l'armée ennemie tout entière, ne pouvaient résister indéfiniment. « *Ils sont trop !* » devaient-ils dire comme les vieux grenadiers de Napoléon Ier, à Arcis-sur-Aube. Beaucoup tombèrent, après avoir fait subir à l'ennemi des pertes sanglantes. Ah ! Dieu ne leur devait-il pas au moins, à ces héroïques combattants du 11 octobre,

> Ce qu'aux Français jadis il ne refusait pas :
> Le bonheur de mourir dans un jour de victoire (2).

Cette terrible fusillade inquiétait nos gardiens ; ils jugèrent

(1) Voir la brochure intitulée : *Combat d'Orléans*, par M. A. Boucher.

(2) Voici en quels termes une histoire allemande rapporte succinctement le combat du 11 octobre :

« La tête de l'avant-garde du corps de von der Tann se « heurta, le 11 au matin, sur de très-fortes masses de troupes « françaises. L'ennemi attendait l'attaque au-delà de la

un mouvement rétrograde nécessaire, et ils nous le firent exécuter. Ces dignes Allemands — Dieu le permit, sans doute ! — nous firent reposer, cette fois, au milieu d'un champ de navets. C'était une précieuse ressource pour la plupart d'entre nous, car la faim commençait à nous torturer. Pour ma part, je mangeai un de ces légumes de la meilleure volonté possible ; ce fut, avec une pomme que je ramassai plus loin, toute ma nourriture en cette cruelle journée.

La nuit était venue pendant cette singulière promenade à travers les vignes ; mais l'obscurité n'était point assez grande pour que nous pussions nous échapper facilement. Il eût du reste été imprudent de s'exposer aux balles de ceux qui nous conduisaient ; si nous devions être fusillés le lendemain, il valait mieux mourir bravement, forts de

« forêt d'Orléans, devant la ville, et derrière des ouvrages
« de retranchement bien couverts Il dominait le pont sur
« la Loire. Le général von der Tann, à dix heures du
« matin, était déjà arrivé près de lui, et la fusillade
« commençait. La 4ᵉ brigade bavaroise et la 22ᵉ division
« prussienne formaient les ailes extrêmes. Le corps ennemi
« avait pris, dans ses retranchements, et dans les vignes
« qui couvrent la plaine devant Orléans, les positions les
« plus avantageuses, et conduisait avec lui 40 canons ; il
« garda ses positions jusqu'à cinq heures de l'après-midi ;
« mais alors il commença la retraite sur Orléans. Il faisait
« nuit déjà, et il fallait de notre côté ne le poursuivre
« qu'avec la plus grande prudence, nos troupes ayant à la
« fois à combattre sur un terrain inégal et avec de grandes
« difficultés. *La ville d'Orléans se résolut à la reddition*,
« après que les premières grenades y furent tombées. La

notre innocence, que de tomber sous les coups d'un ivrogne.

La crainte avait ainsi retenu tout le monde, et quand nous arrivâmes au Grand-Orme, où nous devions passer la nuit, aucun prisonnier n'avait cherché à s'esquiver.

On nous logea au premier étage d'une maison d'assez belle apparence, où le désordre dans les effets et les meubles attestait le passage des Vandales du XIXe siècle. Quelques bottes de paille furent étalées sur le parquet de deux petites chambres qui nous étaient réservées, vu la facilité de surveillance qu'elles présentaient. Dans l'une de ces chambres était un piano sur le clavier duquel un soldat prussien promenait brutalement et sans art ses mains malpropres ; le linge avait été tiré des armoires, deux matelas restaient sur les bois de lit: « Je regrette beaucoup de « n'avoir rien à vous donner à manger, » nous dit celui de nos gardiens qui parlait français ; « nous n'avons rien

« gare et le pont de la Loire furent aussitôt occupés. A « Orléans, l'éclairage instantané de la ville fut ordonné au « Maire. Après que ceci fut fait, les premières troupes alle- « mandes purent entrer, vers huit heures du soir, et leurs « feux de bivouac, pour la nuit, brûlèrent bientôt sur la « place libre, autour de la statue de la Pucelle d'Orléans. « Les Français laissaient 2000 prisonniers entre nos mains ; « leurs pertes en tués et en blessés étaient très-considérables, « les nôtres proportionnellement faibles. L'armée, rejetée en « arrière fut poursuivie et se retira sur la rive gauche de « la Loire; elle quitta ainsi la route de Tours. » KARL WINTERFELD, *Vollstandige Geschichte des deutsch-franzosischen Krieges von 1870*, page 370.

Nul besoin de faire remarquer tout ce qu'il y a d'erroné dans ce récit.

« trouvé en cette maison, et nous n'avons reçu aucun ordre
« de vous distribuer des aliments sur les provisions de
« l'armée. On verra demain. » Les couteaux que nous pouvions avoir sur nous devenaient inutiles alors. Ces bons Allemands, candides comme les jeunes *Gretchen* de leur pays,
e pensèrent bien ; aussi, nous ordonnèrent-ils de les leur
remettre *tout de suite !* Quelle prévoyance ils avaient, ces
blonds enfants de la Germanie Ils nous apportèrent toutefois un peu d'eau que nous bûmes avidement, puis nous
nous étendîmes les uns à côté des autres pour nous reposer
des fatigues de cette première journée ; nous étions pressés
à tel point qu'il nous était presque impossible de remuer :
encore le manque d'air faillit-il nous asphyxier dans ces
appartements trop étroits ! Malgré l'accablement que nous
ressentions, nous ne pensâmes guère à dormir, en cette
nuit de triste mémoire. Que de pensées traversèrent notre
esprit pendant les longues heures de l'obscurité ! Que de
projets furent faits pour échapper à nos bourreaux ! Que
de muettes prières furent dites pour tous ceux qui nous
étaient chers ! Ce fut là que commencèrent des souffrances
morales plus cruelles mille fois que les privations maté-
rielles...

CHAPITRE II

12, 13 ET 14 OCTOBRE.

LES PRISONNIERS FRANÇAIS. — DÉPART POUR LA PRUSSE. —
NOUVELLES CRUAUTÉS PRUSSIENNES. — LES ÉTAPES : TOURY,
ÉTAMPES, CORBEIL.

Le matin arriva enfin, et le jour vint nous éclairer de
ses premières lueurs. Par une faveur bien grande, on
nous permit alors d'ouvrir les fenêtres des deux chambres
pour laisser échapper l'air vicié que nous respirions. Quelques noix furent données à chacun de nous pour son déjeuner ; du pain, il n'y fallut pas songer : les Prussiens,
qui n'avaient rien trouvé pour nous, en avaient soigneu-
sement rempli leurs sacs, se contentant ce matin-là, des
bocaux de friandises découverts dans la maison.

Vers 8 ou 9 heures, nous repartîmes dans la direction
d'Orléans ; nos Hessois nous conduisaient, disaient-ils, au
quartier, peu éloigné, du général von Wittich. Cette
marche nous réjouit quelque peu ; au moins, pensions-
nous, nous pourrons nous expliquer devant ce général ; il
nous livrera probablement à un conseil de guerre qui peut
facilement nous condamner, mais qui peut bien aussi nous
absoudre. Il n'en fut rien malheureusement, car après
deux kilomètres à peine, où les menaces de mort continuèrent de nous être prodiguées, nous dûmes arrêter et

entrer dans une autre maison. Là, nous attendîmes long-temps et impatiemment l'heure qui devait décider de notre sort. Vaine attente !..... Le propriétaire n'avait point abandonné sa demeure ; il était resté au foyer domestique, mais il devait céder la première place aux Prussiens. Ce brave homme, et je l'en remercie, sans le connaître, eut la bonté de nous apporter un panier de poires qui étanchèrent un moment notre soif, sans refortifier nos estomacs affaiblis par un jeûne de plus de quarante heures. Les Allemands, eux aussi, furent en ce lieu d'une gracieuse générosité : ayant découvert, dans le jardin de cette habitation, un tonneau de vin qu'on avait enfoui pour le soustraire à leur rapacité, ils nous associèrent à leur bonne fortune en nous en donnant quelques litres.

Jusqu'à une heure du soir, nous restâmes dans le même local ; au dernier moment, les Prussiens pensèrent à nous donner de la nourriture et se mirent en devoir de faire cuire des pommes-de-terre. Mais, ô déception ! à peine les premiers tubercules avaient-ils été déposés dans une marmite de camp et placés sur le feu, que l'ordre du départ arriva et qu'immédiatement il nous fallut recommencer à marcher, deux par deux, entre les baïonnettes prussiennes cette fois du côté d'Ormes.

A une habitation voisine de celle que nous quittions, encore un arrêt. C'était le logement qu'un chef prussien s'était approprié ; nous demandâmes à parler à cet officier : un refus significatif nous coupa la parole. Après une demi-heure d'attente, un ordonnance vint remettre à nos gardiens un billet qui nous concernait. Combien désirions-nous connaître ce que contenait ce petit papier ! Nous avait-on condamnés sans nous entendre, ou bien était-ce le bulletin de notre délivrance ? La crainte et l'espoir se succédaient en notre esprit ; mais la crainte, il faut le dire, y occupait la plus large place.

Plusieurs fois encore, nous fîmes des haltes pendant ce trajet. A l'une d'elles, près d'un moulin, la frayeur parmi nous était arrivée à son plus haut point. Rangés devant les soldats prussiens qui chargeaient leurs fusils, tous ces malheureux pères de famille crurent leur dernière heure venue, et commencèrent à sangloter et à crier pardon. J'étais péniblement affligé de voir tous ces pauvres gens dire adieu, au milieu de leurs larmes, à leurs épouses, à leurs enfants, et se serrer mutuellement la main, en se résignant à mourir. La femme que nos ennemis retenaient prisonnière, embrassait son fils avec les transports de la plus grande affliction ; un jeune homme se pressait contre son père pour expirer entre ses bras ; les amis se rapprochaient pour affronter plus bravement la mort. Il aurait fallu avoir un cœur bien dur pour ne point mêler ses larmes à celles de ces innocents. N'étais-je point du reste moi-même sous le poids d'une douleur non moins grande que la leur ? La crainte de ne plus revoir ma bonne mère, mes parents, mes amis, qui tous allaient avoir à supporter les tristes maux de la guerre, m'oppressait..... Que de fois ai-je dit adieu à tous les êtres aimés, pendant cet arrêt..... Un adieu que je croyais le dernier, car ma force aussi s'ébranlait, et il ne me restait plus alors, je l'avoue, que l'espoir d'une vie meilleure ! Souvenirs et pensées se pressaient tumultueusement en mon esprit ; mais plein de confiance en Dieu, je me soumettais d'avance à son éternelle volonté...

Quelques-uns de nous se croyaient tellement per-

suadés qu'on allait nous fusiller en ce lieu, qu'un cultivateur, ayant sur lui une somme importante, la cacha en
terre pour ne point la laisser tomber aux mains de nos
ennemis. Cependant nous repartîmes, et avec la marche
diminuèrent, sinon la crainte, du moins les pleurs. Nous
passâmes devant plusieurs camps de cavalerie installés le
long de la route ; les soldats nous y accueillirent avec
les cris de mort dont nous gratifiaient les fantassins,
et nous regardèrent avec une sauvage curiosité.

A l'un de ces camps, un chef prussien nous fit arrêter :
c'était le colonel des hussards qui, le matin de la veille,
nous avaient enlevés de Bricy. Nous voulûmes lui présenter
quelques observations ; il nous interrompit avec un geste
de colère, en articulant difficilement : « Taisez-vous !...
« vous avez tiré... sur mes hussards..... vous serez tous
fusillés..... (1) » Nous eûmes beau protester contre de
telles paroles ; il ne voulut pas nous écouter plus longtemps,
et donna aux soldats des ordres que nous ne comprîmes
pas. Il pleuvait en ce moment ; découverts devant cet

(1) Il n'est pas exact, comme on l'a dit, que « quelques
« coups de feu tirés dans les ténèbres atteignirent plusieurs
« soldats ennemis. » Aucun coup de feu ne fut tiré à
Bricy, et partant aucun soldat prussien ne fut atteint. De
plus, ce fait eût-il été accompli, qu'il n'aurait pu avoir
lieu « *dans les ténèbres* » : les premiers éclaireurs bavarois
se présentaut chez nous vers 8 heures du matin. Nous ne
fûmes pas non plus « conduits à Orléans pour être le len-
« demain passés par les armes, avec onze autres habitants
« des Aydes. » Ces derniers ne partagèrent point notre
captivité, et l'événement de la caserne Saint-Charles les
concerne seuls.

homme impitoyable, la tête et les cheveux mouillés, nous représentions bien le bon droit pliant devant la force.

En cet endroit, les Allemands nous adjoignirent de nouveau un vigneron qu'ils venaient de prendre; un simple couteau qu'ils avaient trouvé sur lui avait motivé son arrestation. Le colonel jugea même le fait assez grave pour châtier immédiatement cet audacieux paysan, qui ne craignait pas de porter dans la poche de son pantalon un aussi terrible instrument; il le souffleta d'importance, les soldats suivirent l'exemple de leur chef, et pendant quelques instants, le malheureux fut brutalisé de la plus cruelle manière; s'étant avisé de réclamer contre ce châtiment non mérité, les coups de crosse redoublèrent, une solide corde lui retint les mains derrière le dos, et ainsi attaché, il fut poussé à notre suite par les baïonnettes prussiennes.

C'est ainsi que les soldats du roi Guillaume traitaient les paisibles habitants du pays qu'ils venaient d'envahir! Mais ceci était peu de chose; nous devions subir de bien autres brutalités.

Honte à jamais à la Prusse pour ces actes d'inconcevable barbarie qu'elle a renouvelés tant de fois pendant la campagne de France! Honte à ceux qui ont eu l'inhumanité de les faire exécuter! L'histoire les jugera un jour, et son jugement sera terrible.....

Ce chemin que nous avions parcouru la veille dans une si grande affliction, et que nous faisions en ce moment d'une manière non moins triste, offrait à peu près le même aspect. Une maison servait d'ambulance; des soldats français, blessés, nous regardaient passer d'une fenêtre du rez-de-chaussée. Ils paraissaient tous être dans un grand abattement ; ils souffraient, les malheureux, et ils avaient sans doute trouvé peu de soulagement à leurs blessures.

Plusieurs victimes du combat de la veille n'avaient point encore été relevées du champ de bataille. Ces infortunés jeunes gens gisaient là loin de leur pays, de leurs parents, exposés à la vue de leurs ennemis, qui ne craignaient point d'insulter à leurs corps sans vie... Rien ne les touchait, ces féroces Prussiens ! Ni la pâleur de la mort répandue sur la figure de ces braves, ni leurs habits souillés de boue et de sang, ni leurs blessures, affreuses à voir..... rien : ils riaient et ils se moquaient ! Cela navrait le cœur...

Un instant nous dûmes nous ranger pour faire place à un corps de cuirassiers blancs, dont une partie se dirigea vers Châteaudun, et l'autre sur la route du Mans.

D'Ormes à Bois-Girard, il nous fallut rouler plusieurs brouettes, enlevées à des vignerons et remplies de munitions par les Prussiens. C'était le commencement des pénibles travaux auxquels on devait nous occuper plus tard, en Poméranie..... Les Allemands qui nous conduisaient ce jour-là ne voulurent point que le *lehrer*, comme ils m'appelaient, touchât à une brouette ; quinze jours après, à Stettin, les vrais Prussiens me faisaient travailler plus fort que mes compagnons d'infortune.....

Mille pensées diverses s'agitaient en nous. Les cartouches que nous roulions allaient-elles servir à notre exécution, ou bien voulait-on nous ramener dans notre pays pour nous faire assister à sa destruction ? C'est ce que nous nous demandions sans pouvoir donner aucune solution.

Nul autre incident ne survint jusqu'à Bois-Girard, où nous arrivâmes vers quatre heures du soir. Là, nous fûmes réunis aux prisonniers français faits la veille au combat d'Ormes, ainsi qu'aux civils arrêtés dans les environs (1), et nous attendîmes encore une fois qu'on statuât sur notre compte. Nous tombions littéralement de fatigue.

Nos soldats avaient campé dans cette ferme depuis le moment de leur capture. Ils avaient passé la nuit sur le fumier de la cour ; un grand nombre d'entre eux avaient cherché à se réfugier dans les écuries et les étables, mais les cavaliers prussiens les avaient fait sortir à coups de sabre pour y loger leurs chevaux. Le 11, il ne leur fut fait aucune distribution de vivres, et ils durent, comme nous, se passer de manger. Le 12, on leur amena une vache qu'ils abattirent eux-mêmes et qu'ils se distribuèrent après l'avoir découpée : force leur fut d'en manger les morceaux sans sel ni pain, les Prussiens ne leur ayant pas donné la plus petite ration de ces deux denrées. Aussi, tout ce qui pouvait servir de nourriture fut-il sacrifié à la faim ! Lorsque nous abandonnâmes cette ferme, deux pigeons seuls qu'on n'avait pu prendre se promenaient sur les toits

(1) Une vingtaine de personnes civiles se trouvaient à Bois-Girard. Deux habitants d'Ormes, MM. Pinsard, maire, et Vaillant, régisseur, avaient été chargés de conduire un soldat français blessé jusqu'à cette ferme, et y avaient été retenus ; deux autres de Boulay livraient une réquisition d'avoine, et avaient été gardés avec leurs chevaux et leurs voitures ; le propriétaire du château de Montaigu, M. Robillard de Moissy, avait été arrêté comme espion, par un ordonnance, à 200 mètres de sa demeure ; des travailleurs obstinés, surpris par les balles et les obus, n'avaient pu fuir assez vite, et s'étaient réfugiés sous un petit pont où ils furent pris.

Nous nous reposâmes quelque peu au milieu de nos troupiers. Ils nous racontèrent en détail le combat de la veille et l'exécution des deux malheureux vignerons ; de notre côté, nous leur apprîmes de quelle manière nous avions été arrêtés, et comment nous avoins été amenés parmi eux. Une heure s'écoula, puis un clairon sonna : c'était l'ordre du départ. Soldats et civils se rangèrent dans la cour, pendant que de nombreux Prussiens envahissaient toutes les pièces de la ferme, et recherchaient minutieusement si quelque prisonnier n'essayait pas de se soustraire à leur garde. Cette perquisilion achevée, ils vinrent prendre place à nos côtés, et la tête de la colonne s'ébranla... Nous suivîmes ; mais, hélas ! nous ne pensions point que ce premier pas était un acheminement vers la Prusse !..... Il était près de six heures et la nuit commençait.....

Triste nuit, mon Dieu ! dans laquelle nous subîmes les traitements les plus odieux, raffinements d'une cruauté sans exemple... Que de cris furent poussés, que de pleurs furent versés dans cette course à travers l'obscurité ! Que de prières furent adressées aux Prussiens par de pauvres vieillards, et accueillies avec la pointe d'une baïonnette ou la crosse d'un fusil ! La plume est impuissante à bien décrire toutes ces atrocités de la soldatesque prussienne..... Un détachement de cavaliers nous précédait ; de chaque côté, nous étions gardés par une haie de fantassins, doublée d'un rang de cuirassiers ; un peloton d'infanterie fermait la marche.

Accablés par les fatigues de deux jours passés sans nourriture, des larmes dans les yeux et le désespoir dans l'âme, nous courûmes à travers les champs labourés,

jusqu'à ce que nous ayons atteint la route de Boulay.
Beaucoup parmi nous étaient chaussés de sabots ; pour
ne pas rester en arrière et être exposés aux coups de nos
brutaux conducteurs, ils furent obligés de marcher nu-
pieds pendant la longue étape qui commençait, au risque
de se les ensanglanter aux pierres du chemin.

Dans l'intervalle de Bois-Girard à Boulay, un soldat
blessé tomba et ne put se relever. Quelques Prussiens
restèrent près de lui, pendant que nous nous éloignions ;
peu d'instants après, dans le silence de la nuit, troublé déjà
par les cris sauvages de nos conducteurs et le piétinement
de notre troupe, nous entendions retentir la détonation
d'une arme à feu. Nos ennemis avaient-ils été assez cruels
et assez lâches pour achever leur victime ? Nous le
pensâmes, mais nous ne pûmes nous en informer. En
avant, toujours en avant, il fallait marcher, il fallait courir,
et cette course devait durer plus de huit heures !

Nous passâmes Boulay, puis nous atteignîmes Bricy,
d'où nous avions été enlevés la veille d'une manière si
brusque et si inattendue. Ce fut au pas gymnastique qu'on
nous fit traverser ce village, que d'ici longtemps, hélas !
nous ne devions pas revoir. Qu'y a-t-il de plus triste dans
la vie d'une personne que de passer sur le seuil de sa
maison, et de ne pouvoir y entrer pour embrasser sa
femme, ses enfants, et leur dire peut-être un éternel
adieu ? Qu'y a-t-il de plus douloureux, lorsque la soif
vous dévore et que la faim vous tourmente, de ne pouvoir demander un peu d'eau et un morceau de pain aux
parents ou amis qui veillent derrière les volets fermés ?
L'enfant qui ne dormait point encore, en entendant ce
bruit d'hommes et de chevaux, ignorait sans doute que

son père était là, partant pour un exil lointain où il devait
gémir pendant de si longs jours ! La femme qui, de crainte,
éteignait sa lumière au moment de notre passage, ne pensait point certainement qu'on emmenait son mari à trois
cents lieues du village, dans un pays où il devait mourir
sous les rigueurs d'une captivité inconcevable ! Tous pleuraient, bien sûrement, mais tous avaient encore l'espérance. Ce dernier soutien ne les abandonnerait-il point
avec le temps, ces épouses éplorées, ces enfants attristés,
et ne les ferait-il pas succomber eux-mêmes sous le poids
du chagrin ? Hélas !... cela devait être pour plusieurs.....

Quelques maisons seulement restèrent éclairées ; une
femme seule entr'ouvrit sa porte et la referma vivement.

En passant devant l'école, où les enfants ne devaient
plus me revoir, j'apostrophai un Prussien et lui dis en
allemand qu'ici j'étais instituteur. J'avais le faible espoir
qu'il me faciliterait la fuite au moment opportun ; mais,
que pouvait-on espérer d'êtres aussi inhumains que ces
soldats du Nord ? Un coup de plat de sabre d'un cuiras-
sier à qui mes paroles avaient été rapportées, fut la réponse à ma demande. Je suivis la colonne dans le plus
grand abattement, me retournant une dernière fois pour
saluer encore et ma chambre et mes livres.....

Un vieillard de 73 ans (1), exténué de fatigues, se jeta
dans un fossé de la route pour mourir près de sa demeure;
les Prussiens le rouèrent de coups, et certes, ce furent
plutôt les baïonnettes ennemies que le sentiment de la
conservation qui le poussèrent à notre suite.

Nous quittâmes avec une amère tristesse et les pleurs

(1) Picard Prosper.

dans les yeux, ce petit village où beaucoup d'entre nous laissaient leurs joies et leur bonheur. La flèche du clocher disparut d'abord à nos regards, et bientôt la masse entière du bourg se perdit elle-même dans l'ombre. .

On continua de nous conduire avec la même brutalité dans la direction d'Artenay. Tantôt, c'était pendant quelques minutes une marche modérée ; tantôt, c'était une course à perte d'haleine, réglée sur le trot des chevaux prussiens, que nous devions suivre parfois pendant une demi-heure. On voyait alors, en ces cruels moments, des vieillards éperdus, haletants, se suspendre aux bras des plus jeunes, et les prier, avec une angoisse impossible à rendre, de ne point les abandonner à la barbarie des soldats de Guillaume... Combien en cette nuit, maudirent-ils, ainsi que moi, et la Prusse et son roi !

Nous traversâmes Huêtre, au pas de course, comme tous les autres villages : les Prussiens craignaient sans doute que nous trompions leur vigilance. Ici, comme à Bricy, comme ailleurs, les lumières s'éteignirent, les portes se fermèrent vivement, et tout se tut sur notre passage : partout *régnait un silence de mort...*

Entre Huêtre et Sougy, l'accablement physique de quelques-uns était si grand qu'ils tombèrent à nos pieds, et s'abandonnèrent à la merci de leurs ennemis ; ceux-ci ne craignirent point de les frapper à coups redoublés ; ils n'eurent pas néanmoins le triste courage de les tuer, ils les jetèrent brutalement dans une voiture qui suivait.

A Sougy, les prisonniers français se précipitèrent vers une mare, pour y boire quelques gorgées d'une eau croupissante. Les Prussiens ne leur permirent point ce faible adoucissement à leurs souffrances ; ceux qui se hasardèrent ainsi pour rafraîchir leur poitrine brûlante, rencontrèrent devant eux la pointe d'une baïonnette, et regagnèrent leurs rangs avec la crosse d'un fusil au dos. Nos conducteurs prenaient aussi un méchant plaisir à troubler le repos des habitants de Sougy, en frappant avec force dans les portes et les fenêtres pour effrayer ceux qui étaient enfermés.

A mi-chemin d'Artenay, nous fîmes une halte. Elle était des plus nécessaires. Il pleuvait depuis quelques instants ; beaucoup, je l'ai dit, étaient légèrement vêtus, et frissonnaient sous cette pluie froide. Pendant plusieurs minutes, bien courtes, hélas ! je sommeillai sur le talus d'un fossé où je m'étais assis ; mes compagnons d'infortune, déplorant notre commun malheur, se demandaient l'un à l'autre où l'on nous conduisait ainsi, et s'il n'eût pas mieux valu être fusillés la veille, que de supporter d'aussi cruelles souffrances. La mort, du reste, ne devait-elle pas être le résultat inévitable des cruautés prussiennes, pour peu qu'elles continuassent quelques jours encore ?

Nous nous levâmes avec l'espoir de passer à Artenay le reste de la nuit. Grande était notre erreur ! Artenay fut traversé comme les autres bourgs. Les Prussiens qui l'occupaient, ouvrirent les fenêtres pour nous envoyer leurs menaces de mort : ce fut tout ce qui signala notre passage en ce lieu. Quelques instants après, nous courions plus fort que jamais sur la route pavée d'Orléans à Paris. Il était onze heures, nous avions déjà fait cinq lieues, et il nous restait à parcourir plus de seize kilomètres.....

Cette seconde partie de l'étape fut plus affreuse encore et plus remplie de cruautés que la première. Je ne sais comment nous pûmes résister à cette marche forcée qui nous éloignait de plus en plus de notre village. Dieu seul

nous a soutenus : sans son aide, nous aurions infailliblement succombé.

Je ne puis raconter tous les détails de ce terrible voyage.
Les actes de la soldatesque germanique sont dignes — on
a pu s'en convaincre dans cette guerre, — de ceux des
hordes barbares. L'Europe les flétrira un jour, comme ils
méritent de l'être ; aussi bien, sa réprobation sera une
palme de plus pour la couronne de l'empereur d'Allemagne.

Citons pourtant quelques faits : de temps en temps, un
soldat épuisé tombait sur le pavé de la route ; nous le
heurtions dans notre course, nous entendions ses cris. et à
la fin de la colonne, le malheureux ne trouvait pour soulager ses b'essures que des êtres sans pitié, qui s'avançaient
sur lui la baïonnette en avant, le forçaient par les coups
de faire encore quelques pas, et à la dernière extrémité seulement, le poussaient en jurant dans la voiture
qu'ils avaient volée.

Un septuagénaire (1), lui aussi, s'était laissé aller, à différentes fois, sous les pieds de nos barbares ennemis ; ils
le battirent de la façon la plus ignominieuse. Qu'il me suf-
fise de dire, que lorsqu'il arriva à Toury, il avait le front
percé de plusieurs coups de baïonnette ! Il fit une étape
encore dans ce pitoyable état, et pendant cette étape, il
eut à supporter de nouveau les plus honteux traitements. . .
Un médecin français, touché de voir ce vieillard dans une
position aussi affligeante, obtint d'un commandant prussien
la permission de le faire rester à l'hôpital d'Etampes.

(1) Labbé, scieur de pierres, à Orléans. Il fut pris à
Ormes, où il travaillait aux tranchées, et emmené en Prusse
après un mois d'hôpital à Etampes.

En avant de Château-Gaillard, un incendie achevait de consumer l'établissement de la *Boule-d'Or* : triste preuve de l'esprit de destruction qui animait nos ennemis, plutôt qu'un exemple des dures nécessités de la guerre.

Après Château-Gaillard, on nous accorda une seconde fois un peu de repos. La pluie tombait toujours, poussée par un vent froid; nous ne frissonnions plus, nous tremblions sous cette eau battante. Au moment du départ, je vis encore un vieillard implorer à mains jointes la pitié d'un officier prussien ; comme les autres, il fut repoussé impitoyablement, et dut s'accrocher à la blouse d'un jeune homme pour ne point rester sur place.

Ce fut dans ces conditions que nous atteignîmes Toury.

Il était deux heures du matin. On nous enferma dans l'église, garnie précédemment de paille. Qui eût pensé, au début de la guerre, que les maisons de prières de nos campagnes devaient plus tard, au centre même de la France, servir aux Prussiens pour y loger leurs prisonniers ? Nous participions à l'accomplissement de ce fait cependant ; mais chacun sait par quel incompréhensible enchaînement de revers nos ennemis avaient envahi les plaines de la Beauce !...

Dévorés d'une soif ardente, tourmentés par la faim depuis cinquante-cinq heures, nous sollicitions tous un peu d'eau et une bouchée de pain pour apaiser nos souffrances. Une personne charitable eut la permission de nous venir distribuer, dans l'église même, de minces portions de pain et de vin ; j'eus la chance d'obtenir une petite part de l'un et de l'autre. Après ce repas indispensable, je voulus me caser dans quelque endroit pour y passer les trois ou quatre heures qui nous séparaient du jour. Ce n'était pas chose facile ; nos soldats étaient entrés les premiers et garnissaient toutes les places. Je n'eus pas même la consolation de trouver un espace libre pour m'étendre, et un peu de paille pour me servir de lit; je tombai à genoux sur le carreau humide, j'appuyai ma tête sur la planche d'un banc, et je cherchai le sommeil... Trois heures sonnaient à une horloge de la ville...

Je ne saurais dire tout ce que je pensai dans le reste de cette horrible nuit. J'avais l'esprit troublé par ce qui m'arrivait et ce que je voyais ; pourtant, au milieu de la confusion de mes idées, je conservais le faible espoir qu'on nous délivrerait au matin. Hélas ! le matin vint,.et je ne tardai pas à m'apercevoir que cette espérance était vaine. Je n'avais pu fermer l'œil ; c'était la seconde nuit que je ne dormais point, et en me relevant, j'avais les membres rompus.

Une heure s'écoula avant notre départ ; j'en profitai pour tracer quelques lignes qu'une personne de Toury se chargea de faire parvenir à Bricy. Le curé de l'endroit vint nous visiter pendant cet intervalle ; je le priai de solliciter pour nous une audience auprès du commandant de place ; il voulut bien faire cette démarche, et il revint, peu d'instants après, en rapportant une réponse négative : le chef prussien refusait de nous entendre.

Ainsi, il n'y avait plus à s'y méprendre : nous étions bien réellement prisonniers, et l'on nous conduisait dans un lointain pays, où peut-être une condamnation viendrait mettre fin à nos maux ; ou bien l'on nous menait à Paris, travailler aux ouvrages des assiégeants, et nous exposer au canon des forts. Telles étaient les pensées qui prédominaient en notre esprit.

La course recommença ; cette nouvelle étape ne devait être malheureusement qu'une édition de la première.

Nous défilâmes d'abord entre une double haie de Prussiens, échelonnés de la porte de l'église à la route ; chacun toucha une petite ration de pain, qui devait être sa nourriture pour la journée entière, et nous quittâmes Toury dans le même ordre que nous avions quitté Bois-Girard, avec les mêmes cris de nos conducteurs et leur même brutalité.

Un premier exemple des sentiments chevaleresques de ces bons Prussiens nous fut donné à Toury même : Un vieillard de soixante-huit ans (1) refusait d'avancer et cherchait à entrer dans une maison ; le malheureux fut accablé de coups, ensanglanté, presque assommé, et ne put nous rejoindre qu'à grand'peine. Les femmes vouluren inte rvenir, mais ni leurs pleurs ni leurs cris ne touchèrent les féroces soldats de Prusse, qui les rejetèrent hors de la voie avec leur grossièreté accoutumée. C'était un spectacle navrant..... Nous emportions au moins, en partant pour l'exil, la pitié de nos compatriotes...

A Angerville, nous fûmes témoins d'un incident des plus émouva nts. Parmi nous se trouvait un jeune homme de cette ville, enlevé le dimanche précédent, 9 octobre, sur le seuil de sa demeure. Sa femme l'ayant aperçu, au moment où nous passions dans la principale rue, s'élança aussitôt vers lui, avec un bel enfant dans les bras, franchit le double rang de Prussiens qui nous gardaient, et vint se jeter à son cou, en s'écriant : « Louis ! Louis !..... em- « brasse ton enfant..... ils ne t'emmèneront pas, les bar-

____

(1) Penot Louis, de Bricy.

« bares.... je te défendrai contre eux tous..... Tu ne
« m'abandonneras point..... Tu resteras avec moi, où je
« te suivrai..... » Pendant une courte minute, nous les
vîmes enlacés dans les bras l'un de l'autre, mêlant leurs
pleurs, et couvrant de baisers leur enfant chéri. Mais il était
dit qu'un tableau aussi touchant ne pourrait attendrir les
soldats de Guillaume : avec une violence qu'un Français ne
connaît pas, ils arrachèrent cette jeune épouse des bras de
son infortuné mari, et la lancèrent hors des rangs. Elle
nous suivit, courant et jetant les hauts cris, l'espace de
deux ou trois cents mètres ; une seconde fois, elle parvint
à rejoindre son époux. Mais alors un cavalier furieux tira son
sabre, la saisit brutalement par les cheveux, et sans pitié
pour l'innocent qu'elle serrait contre son sein la frappa de
cette arme tranchante. « Reste, criait le prisonnier avec
«angoisse, reste, je t'en supplie...Je reviendrai...bientôt..»
Il lui tint parole ; le soir, à Etampes, il s'échappa avec
plusieurs autres de la maison où l'on nous avait enfermés

Ce fut à Angerville aussi que commença pour nous la
sympathie de tous les cœurs français. Bien qu'épuisés par
des réquisitions incessantes, et ruinés en partie par l'occupation prussienne, les habitants des villes, comme des plus
simples hameaux, trouvaient encore le moyen de nous
jeter, par une fenêtre ou par une porte entrouverte un
morceau de pain ou un fruit que nous saisissions avec
reconnaissance. Dans le reste de la France, en Champagne
comme en A'sace, nous retrouvâmes partout la même
charité patriotique.

Nos soldats n'étaient guère bien traités par l'ennemi ;
cependant ils avaient beaucoup moins que nous à souffrir
des violences prussiennes. Ainsi, un soldat français que

e vis tomber, fut maltraité, mais avec quelque ménagement, ce jour-là ; un civil, qui ne pouvait plus avancer et que ses deux voisins portaient péniblement, fut battu honteusement, et à plusieurs reprises, pour le seul motif qu'il se trouvait le dernier de la colonne. Un autre exemple encore : A une halte, entre Angerville et Etampes, un tonneau de vin volé à un vigneron et amené jusque-là, fut distribué par petites rations aux prisonniers français ; mais les soldats seuls profitèrent de la libéralité prussienne. Les civils devaient souffrir, et ces fumeurs d'Outre-Rhin, nos généreux ennemis, n'avaient point mission de les soulager. Leur mot d'ordre, au contraire, était de les traiter avec le plus de dureté possible, et ils y étaient strictement fidèles. Le vent, en cet endroit, soufflait avec une extrême violence ; c'était presque une tempête. On eût dit que les éléments déchaînés s'associaient à nous pour crier vengeance, et appeler la malédiction de Dieu sur la Prusse et sur ses soldats !

La faim, la fatigue, les privations et les coups nous avaient rendus méconnaissables. Lorsqu'un clairon sonnait — Dieu sait de quelle manière ! — pour annoncer un arrêt, nous nous laissions tomber à terre, sans avoir même la force de nous plaindre.

A quelques kilomètres d'Etampes, un nombreux troupeau de vaches, provenant des réquisitions exercées dans le pays, paissait près de la route ; il était gardé par quelques Prussiens qui avaient quitté le fusil à aiguille pour la houlette du pâtre, mais qui n'avaient point pour cela abandonné leurs longues pipes.

De distance en distance, nous avions rencontré, dans le cours de cette étape, des détachements bavarois conduisant vers Orléans de grossiers chariots. Ce n'était qu'un spécimen de ces immenses convois de provisions, que nous devions voir plus tard, se croisant en tous sens sur les routes des départements de l'Est.

Nous entrâmes à Etampes sur quatre rangs : en nous voyant, les femmes pleuraient, les hommes nous plaignaient et maudissaient leur impuissance, l'ennemi nous menaçait toujours. Sur chaque porte était une inscription allemande pour le logement des soldats et des chefs, et sur le seuil de chaque demeure se tenaient plusieurs Prussiens à la figure farouche et au regard ironique.

L'on nous fit pénétrer, à l'extrémité nord de la ville dans le jardin entouré de murs d'un établissement industriel, où nous attendîmes des ordres. La crainte d'être fusillés obsédait encore quelques vieillards ; les Bavarois qui nous entouraient ne nous épargnaient du reste ni cyniques railleries ni gestes comminatoires.

Un officier vint avertir les prisonniers qu'il allait leur être donné du pain et du vin ; le premier fut distribué, mais le second ne parut point. Déjà, à ce moment, les mauvais traitements avaient fait perdre la raison à un vigneron d'Ingré (1). A tout instant ce malheureux quittait son rang pour débiter des propos incohérents, et à chaque fois, il était ramené avec la crosse ou la baïonnette. Je raconterai plus tard sa triste fin.

(1) Eugène Gigou, arrêté dans sa demeure, avec la femme Grimault et son fils, pour avoir facilité la fuite à un soldat français. La femme Grimault resta deux jours prisonnière ; elle ne fut libérée qu'au moment de notre départ pour la Prusse, le 12 octobre, au soir. Son fils nous accompagna.

La nuit encore une fois nous avait surpris entre les mains de nos ennemis ; l'obscurité enveloppait, à cette heure, l'intérieur de l'établissement où nous allions reposer· On nous fit monter au quatrième étage ; là, nous tombâmes de faiblesse sur la paille dont on avait recouvert le plancher, et nous pûmes respirer un peu. Cette étape de près de dix lieues avait mis le comble à nos fatigues.

Plus heureux cependant que la nuit précédente, je pus ce soir-là m'étendre convenablement et me livrer au sommeil. Plusieurs de ceux qui m'accompagnaient avaient plus de fermeté ; ils veillaient et songeaient à la fuite. Quelques-uns y réussirent : ils passèrent inaperçus aux yeux des sentinelles prussiennes, et recouvrèrent ainsi leur liberté.

Auprès de moi, un vieillard (1) passa la nuit dans un continuel délire ; il croyait, à tout moment, entendre le coup de feu qui mettait fin aux souffrances d'un de ses compagnons, et se demandait à chaque minute si son tour n'arriverait pas bientôt.

Triste situation d'esprit ! non-seulement les forces physiques abandonnaient peu à peu ces infortunés pères de famille, mais les souffrances morales venaient encore les torturer pendant les heures de repos qui leur étaient si nécessaires...

Le lendemain nous revit un peu moins fatigués, tout aussi désolés. Chaque jour en effet, nous éloignait de plus en plus du clocher penché de Bricy ; nous marchions sans cesse, harcelés par nos conducteurs, poussés par les baïonnettes, et nous devions, hélas ! ignorer longtemps encore le but de ce triste voyage.

(1) Guérin François, maçon, de Bricy.

Avant notre départ, nous reçumes, le matin, la visite d'un prêtre et de deux médecins. Ces derniers accordèrent des bulletins d'hôpital à plusieurs civils, des plus âgés et des plus maltraités (1) ; le prêtre nous encouragea de son mieux : « Ne craignez point, dit-il, vous ne serez « pas fusillés ; seulement je crains bien que l'ennemi ne « vous emmène en Prusse. »

L'un de nous (2) le priait de lui procurer, moyennant argent, un flacon d'eau-de-vie et quelque nourriture.

— « Hélas ! mon brave, répondit le prêtre, ici nous ne « pouvons rien acheter, même à prix d'or ; le pain fera « bientôt complétement défaut... Les Prussiens s'emparent « de tout ; nous n'avons aucune liberté... »

Avant de quitter cet établissement, je m'approchai d'une fenêtre et jetai un regard attristé dans la direction d'Orléans ; de là, j'apercevais la ville entière d'Etampes, au pied du plateau qui la domine. Le chemin de fer qui couronne ce plateau était désert : un chien seul le parcourait en flairant la voie. On n'entendait ni le sifflet aigu de la vapeur ni le va-et-vient des wagons..... La ville reposait endormie... Les Prussiens veillaient à ses portes...

Vers huit heures, nous descendîmes. Un bavarois, au moment de partir, eut la rare complaisance d'aller remplir, à une fontaine peu éloignée, les bouteilles vides que lui tendaient plusieurs civils. Je cite ce fait pour rendre justice à celui qui l'accomplit : les actes généreux ne sont pas communs dans l'histoire de notre captivité.

(1) Hoyau François, de Bricy, 70 ans ; Cachin Louis, de Fresnay-l'Evêque, 77 ans ; et Labbé, d'Orléans, dont j'ai déjà parlé,

(2) M. Pinsard, maire d'Ormes. (Il s'échappa à Lieusaint).

Nous ne reçumes aucun aliment ce matin-là, et nous aurions fait à jeun notre troisième étape si la charité des habitants ne nous eût procuré un peu de pain : nous excitions en vérité la plus grande pitié..... Nous avions aussi recueilli un peu d'espoir de la part de ces mêmes habitants ; des prisonniers civils, disaient-ils, avaient été conduits les jours précédents jusqu'à Corbeil, et renvoyés ensuite dans leurs foyers. Les Prussiens ne pouvaient-ils pas faire le même acte de justice à notre égard ?

Quand nous sortîmes d'Etampes, un officier bavarois fut surpris de voir des paysans à la suite des soldats prisonniers, et demanda si nous étions francs-tireurs. Sur la réponse négative qu'on lui fit : « Mais pourquoi alors vous a-t-on arrêtés ? » reprit-il. — « Nous l'ignorons, » répliquèrent quelques-uns. Ce jeune chef, au visage imberbe, à la figure intelligente, parut indigné ; il eût fait, j'imagine, quelque chose en notre faveur si son influence eût été moins restreinte. Que pouvait-il contre l'ordre venu de haut, de von Wittich lui-même sans doute, de nous chasser comme un troupeau vers les frontières de Prusse ?

Cette étape fut marquée à peu près par les mêmes incidents que les précédentes. Nos conducteurs étaient plus brutaux encore que ceux de la veille ; l'un d'eux, du matin au soir, prit un extrême plaisir à traverser nos rangs, pour frapper de la baguette de son fusil ceux qui cherchaient à boire, dans les fossés ou les ornières du chemin, une eau dégoûtante et fétide.

En quittant Etampes, nous laissâmes la route de Paris pour prendre celle de Corbeil. L'occupation du pays par l'ennemi s'accentuait de plus en plus, à mesure que nous avancions : la voie défoncée accusait qu'une lourde artillerie, de pesants caissons, l'avaient sillonnée dans toute sa largeur ; des fers de chevaux, épars çà et là, indiquaient qu'une cavalerie nombreuse l'avait aussi suivie... Puis de distance en distance, près d'un bois ou même au milieu d'une plaine, on voyait les restes d'un camp abandonné ; dans le fossé du chemin, le cadavre d'un cheval à moitié dévoré, ou les roues brisées d'un chariot.

J'avais quitté avec plaisir la route pavée de la capitale. Jusqu'à ce moment, l'idée qu'on allait nous employer, devant Paris, aux travaux du siége, avait persisté en mon esprit. Les Prussiens avaient déjà donné ce triste exemple devant Strasbourg, et certes, ils ne devaient se faire aucun scrupule de renouveler envers nous cette violation des lois de la guerre.

Non loin d'Etampes, nous nous croisâmes avec un détachement bavarois. On a souvent répété que les soldats de l'Allemagne, engagés forcément dans cette guerre, étaient moins cruels que les Prussiens proprement dits : j'ai pu constater ce fait plusieurs fois. Mais la Bavière, en France, marchait bien sur les traces de la puissance à laquelle elle s'était alliée ; les soldats de Munich ne le cédaient en rien, pour la cruauté, aux soldats de Berlin...

J'ai conservé le souvenir d'un charmant village entouré de montagnes que nous traversâmes en cette journée ; on y descend par une route percée dans la forêt et bordée de rochers : il se nomme Boissy-le Cutté. Les habitants y accouraient vers nous avec du pain et de l'eau, mais ils furent chassés par les Prussiens, qui s'emparèrent des aliments, répandirent le liquide qui nous était offert, et brisèrent les vases qui le renfermaient. Un homme, pensant qu'on nous avait pris les armes à la main, s'écriait : « Ne

« soyez point affligés, amis ! Vous êtes l'honneur de la
« France ! Tous, nous devrions nous lever pour repousser
« et exterminer ces barbares envahisseurs... » Belles
paroles que tous les journaux avaient imprimées dans leurs
colonnes, et qui ne devaient point empêcher les Prussiens
d'aller jusqu'au Mans et d'entrer dans Paris ! N'importe !
si j'avais pu m'échapper, je serais resté dans cette localité
de préférence à toute autre ; les gens paraissaient bons et
l'amour patriotique n'était point éteint dans leurs cœurs.

La faim, aussi bien que la soif, commençait à se faire
sentir d'une cruelle manière. Plusieurs s'étaient hasardés
à arracher des navets dans un champ qui longeait la route,
mais toujours devant eux s'étaient trouvées les impitoyables baïonnettes prussiennes.

A la Ferté-Alais, deux ou trois prisonniers civils purent
se dérober au joug de leurs tyrans. Je remercie en leur
nom les personnes vraiment françaises qui, pour faciliter
leur fuite, ne craignirent point de s'exposer à la fureur
du vainqueur. Dès ce moment pourtant, il me paraissait
difficile de traverser sans danger vingt-cinq ou trente
lieues de pays occupé par l'ennemi, et surtout par un
ennemi qui, sur un simple soupçon et sans vouloir vous
entendre, vous livrait à un peloton d'exécution. Peu, en
effet, de ceux qui se sont échappés, ont pu, en toute sé-
curité, regagner leurs foyers !

A peu de distance de la Ferté, près d'une fontaine où
nous avions fait halte, les habitants d'un village voisin
s'empressaient d'accourir pour nous offrir quelques provisions ; mais ils n'eurent point cette consolation, ils furent
forcés de fuir, à travers champs, sous les coups de sabre
des cavaliers prussiens. Une jeune fille seule brava les

menaces de l'ennemi et ne s'enfuit que quand elle eut
jeté aux Français tout le pain qui remplissait son tablier.

En cet endroit aussi, un lièvre imprudent, dérangé dans
le gîte et troublé dans le songe par un chien qui le suivait
de près, vint donner tête baissée dans un groupe de
soldats français qui ne tardèrent pas à le prendre. Déjà,
nos troupiers se demandaient quel parti ils allaient en
tirer, lorsque les Prussiens s'approchèrent, et, avec autorité, se firent donner le délicat gibier. C'était le droit
du plus fort, mais ce n'était point le meilleur. Nos ennemis,
même dans les plus petites choses, tenaient à honneur
d'accomplir scrupuleusement le précepte de M. de Bismarck
« *La force prime le droit.* »

Plus loin, les femmes du village de Fontenay étaient
effrayées et indignées de voir emmener en captivité des
vieillards à peine vêtus. « Hélas ! s'écriaient-elles, *ils*, font
« prisonniers les civils ! n'ont-ils donc point de honte, ces
« barbares? » — « Ce ne sont pas des êtres civilisés, dis-je à
« l'une d'elles, et la honte ne saurait mettre un frein à
« leur féroce sauvagerie. »

Cependant la fatigue augmentait de minute en minute
et les mauvais traitements ne cessaient point. Pour moi,
chaussé de mauvaises pantoufles, les pieds ensanglantés
par les pierres du chemin, je n'avançais plus que par
raison, ou plutôt par crainte.

Il était cinq heures lorsque nous aperçûmes les premières
maisons de Corbeil. Les pavés de la route, enlevés de
distance en distance, prouvaient que l'idée de la résistance
avait été poussée assez loin dans cette ville, et qu'on ne
s'était pas borné aux paroles.

A l'entrée de la rue principale, une sentinelle prussienne, montée sur un pilier en pierres, lança son « *Werda !* » à notre aspect; puis, après un mouvement automatique pour replacer l'arme sur l'épaule, elle retomba dans cette immobilité qui est le propre des Prussiens à un poste.

La population de Corbeil nous témoigna les plus vives sympathies. Un gros monsieur apostropha l'un de nous dit seuil de sa porte : « Citoyen, où vous a-t-on pris? » lui demanda-t-il — « Aux environs d'Orléans, répondit celui « auquel il s'adressait, dans nos habitations, quand nous « versions à boire à nos ennemis et que nous leur livrions « forcément nos provisions..... » Puis, la faim l'emportant sur la douleur : « Monsieur, ajouta-t-il, ne pourriez-vous « point me donner du pain? » Ainsi, le propriétaire ou le fermier qui, la semaine précédente, renvoyait un mendiant de sa porte en lui remplissant son sac, sollicitait à son tour de la charité publique le morceau de pain qui devait le soutenir le long du chemin. Quel changement dans les conditions avaient fait quatre jours de captivité ! — « Je « vous en procurerai, mon brave, repartit le Corbeillois « d'un ton ému, quoique depuis bien longtemps déjà, « nous gémissions sous le joug exécrable de l'étranger... »

C'était le soir du 14 octobre que nous arrivions ainsi à Corbeil. Comme à Toury, l'église devait nous servir de logement. La faiblesse, chez quelques-uns, était si grande‘ qu'un homme tomba sans connaissance et se fendit la tête sur le pavé de la rue (1); il fut transporté à l'hospice, où il resta avec son fils qui l'avait accompagné.

(1) Martin, meunier, à Bricy, père de huit enfants. Il put avec son fils revenir au village après la guérison de sa blessure.

Le pain, coupé en rations, nous fut distribué par deux frères des écoles chrétiennes, à la porte de l'église, au fur et à mesure que nous entrions. Le même inconvénient qu'à Toury se renouvela ici : les places avaient été occupées par les soldats, et ce ne fut qu'à grand'peine que nous pûmes trouver un espace libre pour nous reposer. Nous nous assîmes enfin sur une marche, et nous mangeâmes là le pain sec que nous venions de recevoir. Le sanctuaire était déjà envahi par les soldats ; plusieurs étaient même couchés sur l'autel, où ils passèrent la nuit.

L'oppression avait rendu le désir de la liberté si vif en mon esprit que je tentai, en ce lieu, d'échapper à mes bourreaux par tous les moyens possibles ; malheureusement mes projets d'évasion ne réussirent point.

Tout espoir perdu de ce côté, je songeai au sommeil... Je me couchai près de l'autel ; la pierre d'une marche me servit d'oreiller, et je m'endormis sur ce lit peu moelleux.

Ce ne fut pas pour longtemps ! La position, du reste, n'était pas tenable ; à chaque instant, il me fallait me relever, faire quelques pas ou m'asseoir, pour reposer mes membres de la dureté du carreau. Que cette nuit me parut longue ! Que les heures sonnèrent lentement ! Que le matin se fit attendre ! Le jour vint enfin, mais c'était pour nous enlever l'espoir de la délivrance dont nous nous flattions encore la veille .. Les soldats se levèrent peu à peu, plièrent leurs couvertures, secouèrent leurs capotes et attendirent. L'heure du départ ne tarda point ; les Prussiens nous délogèrent assez brutalement de l église, nous faisant défiler, comme à Toury et à Etampes, entre deux rangs de soldats bavarois au regard moqueur et à l'air insultant.

3.

CHAPITRE III

15, 16 ET 17 OCTOBRE.

La Brie. — Une jeune champenoise. — Les convois prussiens. — Les étapes (*suite*) : — Tournan. — Coulommiers. — Nogent-l'Artaud.

Ce fut avec un désespoir plus grand encore que nous commençâmes cette nouvelle étape. Nous avions d'ailleurs l'estomac vide ; les Prussiens avaient pris l'habitude de ne nous donner des aliments qu'une fois par jour, à la fin de chaque parcours quotidien.

Les habitants de Corbeil étaient indignés de voir emmener ces vieillards à cheveux blancs sous la baïonnette de l'odieux prussien. Certes, je crois que si une révolte n'eût pas été folie, elle eût éclaté en ce moment.

« Vous n'êtes pas prisonniers de guerre, s'écriait avec « force un notable de la ville. Ce peuple maudit va vous « conduire jusqu'à la frontière, puis il vous renverra, et « vous serez obligés de parcourir misérablement l'énorme « distance qui vous séparera de vos foyers. N'avez-vous « donc fait aucune réclamation à Etampes ? » On lui répondit que nos demandes n'avaient été écoutées nulle part. « Eh bien ! reprit-il, suivez-moi ; je vais vous con- « duire chez le commandant de place ; vous lui expli- « querez comment s'est opérée votre arrestation... Je lui parlerai moi-même..... « Il est impossible que vous alliez « plus loin... »

Déjà, ce généreux ami m'emmenait vers le gouverneur, ainsi que M. Pinsard, maire d'Ormes, lorsque les Prussiens, que cette scène fatiguait, nous rejetèrent dans les rangs et repoussèrent notre défenseur. Un éclair de rage brilla dans les yeux de celui-ci, mais la raison l'emportant sur la colère, il soupira, puis s'éloigna tristement.

Nous débouchâmes sur le quai, et la Seine apparut à nos regards. Là encore, un signe de défense s'offrit à notre vue : c'était le pont que la poudre avait fait sauter, et dont les débris pendaient retenus aux piliers des arches. A ce moment, le souvenir de notre fleuve, de cette Loire qui servait alors de ligne de défense, fut si vif à mon esprit que je versai des pleurs... N'était-ce pas non loin de ses bords où restaient ma mère, ma famille, mes amis ?

Enregistrons ici un nouvel acte de cruauté : Un civil était entré dans une maison du quai, cherchant à se soustraire à la tyrannie dont nous étions les victimes. Malheureusement pour lui, un Prussien l'aperçut, le suivit dans le corridor, le frappa de maints coups de crosse et le ramena, meurtri, dans nos rangs. Un officier, bien loin de déplorer ce fait odieux, s'approcha ensuite, et d'un ton dur et sec : « Quel est votre nom ? » dit-il — « Jean ! » répondit le malheureux. — « Eh bien ! Jean, vous serez fusillé demain, » répéta l'officier en articulant difficilement et en inscrivant ce nom sur son carnet. — « Vous pouvez « le faire de suite, reprit l'infortuné ; mieux vaudrait « être mort que d'endurer ce que vous nous faites souffrir. » « La menace du chef ne fut point néanmoins exécutée (1).

(1) Bracquemond, Jean-Pierre, de Bricy. Il ne devait point revoir la France ; après être resté deux mois dans un

Nous passâmes la Seine sur un pont en bois, construit réalablement pour remplacer celui qu'on avait détruit. La ville de Corbeil projetait bien vraiment une vigoureuse résistance, mais ne l'avait point mise à exécution. Ainsi, de l'autre côté du fleuve, les ormes séculaires qui bordaient la route avaient tous été abattus et jetés en travers de la voie, pour mettre un obstacle à la marche de l'artillerie et de la cavalerie. Les habitants de la contrée qui avaient fait ces préparatifs de défense, avaient été contraints de retirer eux-mêmes, à force de bras, les arbres qu'ils avaient amoncelés sur la chaussée : les Prussiens menaçant Corbeil d'un bombardement terrible, si Le chemin ne leur était pas rendu dans son état normal. les feuilles restées sur le terrain avaient fait à nos ennemis comme un chemin gazonneux au lieu de la voie infranchissable qu'ils devaient rencontrer..... La pensée qu'avait eue Corbeil, Châteaudun la possédait en ce moment. Nous étions au 15 octobre... Trois jours plus tard, le chef-lieu de l'ancien comté dunois s'ensevelissait sous ses ruines.... (1).

Le premier incident de la journée fut notre singulier déjeuner. Nous marchions depuis plusieurs heures déjà, et l'unique repas de la veille n'avait point réparé nos forces épuisées ; nos estomacs vides réclamaient des aliments que nous ne pouvions leur donner. Le long de

lazareth de Pasewalk, il revint à Stettin bien portant, et fut enlevé par la dyssenterie au mois de janvier. Il avait un fils unique qui faisait partie du corps de Bourbaki, et qui mourut de maladie à Perpignan.

(1) Voir la brochure de M. Coudray : *Défense de Châteaudun dans la journée du 18 octobre 1870.*

la route s'étendait un champ de magnifiques betteraves qui offraient une ressource précieuse contre la faim. Nous ne pûmes résister à la tentation, et nous nous jetâmes à qui mieux mieux sur ces racines fourragères, que le laboureur n'avait point, certes, plantées à notre intention. Heureux encore qui put regagner son rang, avec son butin, sans recevoir la caresse peu agréable d'un fusil prussien ! Je dois cependant dire que nos conducteurs, ce jour là étaient moins brutaux que ceux de la veille et nous traitaient avec plus de ménagement. Il fallait nous voir, quelques instants après, dévorer à belles dents, sur la route de Brie, le péricarpe aqueux des betteraves que nous venions d'arracher ! Nous recherchions si peu alors la délicatesse des mets.....

Qu'on me permette de citer ce détail naïf, mais charmant. Sur la lisière d'un bois, près d'une grille rustique qui fermait l'entrée d'une allée négligée, une jeune fille se promenait avec deux blonds enfants. Aux fades galanteries des Prussiens, elle avait relevé la tête pour leur montrer un front sévère, pour leur envoyer un regard de haine, où se lisait toute la fierté d'une romaine; puis ce regard s'était abaissé sur les Français, malheureux, trahis par la fortune, et d'un œil humide, elle les suivait avec tristesse mais pourtant avec confiance. « Adieu, ma belle ! » cria en passant près d'elle un des prisonniers « Non pas adieu, répondit-elle avec un sourire triste ; au « revoir, au revoir ! » L'air candide et confiant avec lequel elle prononça ces deux mots, réjouit ceux qui l'entendirent... Nous nous éloignâmes ; et lorsque, après quelques instants de marche, je me retournai, la jeune fille n'avait point encore quitté sa place : elle restait là pensive, attristée, soupirant sur le sort de ses compa-; triotes. Peut-être n'avait-elle jamais vu tant souffrir? Quand nous fûmes près de disparaître au détour du bois, elle agita de la main le mouchoir dont elle essuyait ses larmes, puis disparut elle-même derrière les arbres.....

Nous avions quitté le département de Seine-et-Oise; un poteau indicateur nous en avait marqué la limite avec celui de Seine-et-Marne, et maintenant nous voyagions en pleine Brie, dans un pays fertile mais négligé, que l'ennemi occupait depuis longtemps déjà. Il était facile de reconnaître en chaque endroit les traces de cette occupation : c'était ici une maison incendiée, là un toit effondré, plus loin les restes de meules de grains, partout les convois d'approvisionnements, le long de la route le fil télégraphique établi par l'ennemi lui-même.

Dans les champs, on voyait peu de travailleurs ; la désolation régnait en tous lieux. Un homme seul, non loin du chemin, bravait la présence de l'étranger, et conduisait par la bride cinq chevaux de la plus belle espèce. Notre passage devait être funeste à ce laboureur. Ses superbes bêtes tentèrent les Prussiens : deux cavaliers qui s'étaient détachés de la colonne pour les examiner de près, ramenaient avec eux, un instant plus tard, les deux plus beaux chevaux de l'attelage. Ils en firent leur propriété, et les mirent de suite entre les limons de deux voitures qui suivaient, traînées par des cavales qu'eût enviées don Quichotte. Quel abus de la force ! Qu'avait à répondre ce cultivateur au droit brutal que s'attribuaient les plus forts pour lui enlever son bien ? Rien assurément ; il avait dû non-seulement se taire, mais encore débarrasser lui-même ses chevaux de l'instrument aratoire qu'ils traînaient, pour en remettre doucement la bride aux mains des soudards allemands. Quelles malédictions ne dut-il pas lancer ensuite contre Guillaume et contre ses sujets !

Le premier village que nous rencontrâmes fut Lieusaint. Un combat y avait été livré ; les maisons portaient encore les traces des balles, et non loin de là, des fusils avaient été brisés et brûlés. Les habitants devaient craindre beaucoup les Prussiens, car plusieurs nous refusèrent l'eau qu'on les priait de nous donner.

Plus loin, nous traversâmes Brie-Comte-Robert, gentille localité, qui nous fit penser aux *fromages de Brie.* En sortant de cette petite ville, un long convoi de provisions, précédé d'un détachement de cavalerie prussienne, défila à nos yeux. Qui ne se rappelle ces immenses voitures de réquisitions, pesamment chargées de vivres, de fourrages, de paille, d'objets de toute espèce, produits du vol et du pillage, qui se dirigeaient sur Paris ou vers les frontières de Prusse ? Qui n'a entendu, le soir, à la campagne, le roulement continu de ces lourds chariots, et la voix rauque et avinée des charretiers germains qui les conduisaient ? Pour moi, il me semble voir encore ces hideux soldats du train des équipages, qui nous menaçaient du sabre et du poing en passant près de nous. Assis sur le devant de leurs grossières charrettes, les vêtements souillés ou en lambeaux, la figure recouverte d'une épaisse couche de crasse, leur longue pipe de faïence à la bouche, leur bouteille d'eau-de-vie à la main, on eût dit les noirs habitants de l'enfer, sortis tout exprès de leurs antres obscurs pour infester la France... « Dans « une déroute, me disait un soldat en me montrant ces

« ivrognes, le fusil est trop noble pour de tels êtres :
« c'est avec le bâton ou la fourche qu'on les assomme et
« qu'on les fait passer de vie à trépas... »

Nous marchions depuis quelque temps dans le pays des fruits: la route était bordée de poiriers et de pommiers. Grâce à cette ressource, en évitant un gardien trop scrupuleux, nous pûmes compléter le repas du matin : une pomme ou une poire plus ou moins acide fit digérer les betteraves un peu dures dont se composait le déjeuner.

J'entendis pour la première fois ce jour-là une fanfare bavaroise : un régiment d'infanterie parcourait la route, musique en tête. On dit que les enfants de la rêveuse Allemagne ont conservé quelque chose de la célébrité des grands maîtres, Haydn, Mozart, Beethoven : je ne m'en aperçus guère cette fois-ci. Les sons que rendaient les instrumentistes bavarois étaient aussi criards que l'harmonie du morceau était discordante ; l'oreille était peu flattée de ce bruit musical.

Le jour commençait à baisser lorsque nous atteignîmes Grez, petite bourgade avec une antique église et une mairie nouvelle. Le but de cette étape était Tournan ; mais après avoir dépassé Grez de deux kilomètres au plus, un ordre supérieur fit rétrograder vers ce bourg trois cents prisonniers, parmi lesquels nous comptions. Les locaux de Tournan étaient insuffisants pour nous loger tous, et ces trois cents hommes devaient passer la nuit à Grez.

Pendant que les soldats nous faisaient ranger, un aumônier prussien, accompagné d'un chef, vint à passer dans une légère voiture. Il s'arrêta un moment pour contempler le triste tableau de tous ces vieillards suc-

combant sous le poids des fatigues, et s'enquit du motif
de leur arrestation. Lorsqu'il connut la cause insignifiante,
de nôtre enlèvement, il secoua la tête avec incrédulité,
parla en allemand à son compagnon de voyage, et repartit
en riant sans plaindre même notre mauvaise fortune :
c'était peu charitable.

La Prusse évidemment a conservé quelques traces des
coutumes barbares de ses premiers peuples. Les Slaves,
qui forment encore aujourd'hui le fond de la population
en Poméranie, en Silésie et dans la Prusse proprement
dite ; les Vandales, dont on retrouve des débris entre
l'Elbe et l'Oder, particulièrement dans le Mecklembourg,
ont légué à leurs descendants ce caractère dur, brusque,
sauvage, que la France a pu apprécier quatorze siècles
après Attila et Genséric.

A Grez, on nous donna d'abord pour logement la petite
et vieille église du village ; puis l'on nous sépara des
soldats prisonniers pour nous conduire à la mairie.

En ce lieu, nous fûmes indignement trompés par un
jeune officier bavarois, à qui nous demandions le but de
ce triste voyage. « Une demande en grâce, nous répondit-
« il, a été faite à S. M. le roi Guillaume ; elle a été
« accueillie favorablement à Versailles, et l'acte qui doit
« vous rendre libres se trouve à Nancy ; l'expédition de
« cet acte peut du reste arriver dès demain (1). »

Ces paroles, prononcées avec une apparente sincérité,
nous avaient rendu la confiance. Hélas ! depuis nous
vîmes bien que ce n'était là qu'un odieux mensonge. Le

______

(1) Ceci fut dit à M. Robillard de Moissy, propriétaire du
château de Montaigu, et à M. Vaillant, d'Ormes.   •

lendemain, le surlendemain, rien ne vint..... Nous montâmes en wagon, Nancy fut atteint : nous ne descendîmes même pas... C'était là pourtant notre dernière espérance...

Les habitants de Grez, ruinés par l'occupation étrangère, se montrèrent bons pour les prisonniers, mais ne purent leur procurer tout ce dont ils avaient besoin. Le pain manquait : on en était réduit aux pommes de terre. Le cœur eût fait davantage, si la dure nécessité n'avait été là.

Nous reposâmes tranquillement dans la mairie de ce village ; la nuit ne fut troublée que par les postes successifs qui vinrent à notre porte relever les sentinelles.

Au matin, on était plus gai ; on ne parlait que de la demande en grâce et de la prochaine liberté. Je vis un honnête paysan consolider ses sabots avec une corde, « afin, disait-il, qu'ils puissent le mener jusqu'à Nancy » j'en surpris un autre qui expliquait à ses deux voisins l'itinéraire le plus direct de Nancy à Orléans... Nancy était dans toutes les bouches... O trompeuse espérance ; O espoir mensonger ! ...

La journée ne fut signalée par rien de bien sérieux. C'étaient toujours la même course, les mêmes plaintes, les mêmes supplications, les mêmes malédictions de la part des prisonniers ; toujours les mêmes cris, les mêmes menaces, la même ironie, la même brutalité de la part des conducteurs.

A Tournan, je remarquai un parc d'artillerie de réserve ; c'étaient des pièces de siège de gros calibres : elles étaient destinées sans doute au bombardement de Paris, qui, on le sait, ne devait commencer que bien plus tard.

Nous attendîmes longtemps dans cette petite ville ; les

troupiers français n'étaient point prêts ; ils avaient été sourds au clairon prussien. Pendant qu'ils nous rejoignaient dans la principale rue de Tournan, les dames s'empressèrent de nous offrir quelque nourriture ; l'une d'elles, après avoir donné le pain et les fruits qu'elle possédait, apporta jusqu'à du fil, des aiguilles et des boutons à des soldats qui en sollicitaient.

C'était une des froides matinées de la saison. Nous frissonnions sous la bise d'octobre, en quittant Tournan ; la course à laquelle nous étions exercés depuis plusieurs jours recommença sur la route de Coulommiers, et ranima nos membres raidis par la fatigue, engourdis par un brouillard glacial.

L'horreur du nom prussien était partout la même ! dans les villages que nous traversions, on les maudissait, on criait vengeance, et à leurs interpellations plus d'une fois on répondait par le mot de Cambronne, le seul qu'ils comprissent bien tous. On se laissait même aller, dans certaines localités, à de petites vengeances partielles : on obstruait les routes ; on détruisait, pendant la nuit, les ponts des ruisseaux, ou bien l'on en sciait à moitié les supports principaux, afin que le premier voiturier germain qui passerait tombât avec son attelage dans la fange du cours d'eau. Puisse cette haine de l'étranger rester dans nos cœurs jusqu'au jour heureux de la revanche ! Puissions-nous ne point oublier que c'est en se souvenant d'Iéna que les Prussiens envahirent la France, en 1870 comme en 1815 ! Plusieurs m'ont fait lire sur l'envers de leurs ceinturons cette inscription allemande qu'ils avaient tracée au moment du départ : *Rache von 1806 !* (1)

(1) Vengeance de 1806 !

Le désir de la vengeance, la haine, voilà ce qui les menait au combat avec tant d'ardeur, ces fumeurs de la Sprée ! Qu'on se le rappelle bien, en France !.....

Après une assez longue marche, la faim et la soif nous accablèrent. Les deux faits suivants montrent à quoi en étaient réduits quelques-uns pour apaiser ces sensations : Dans un fossé de la route, un trou avait été creusé ; l'eau de pluie le remplissait, une eau bourbeuse, qui s'était écoulée de la chaussée, et qui contenait en dissolution toutes les ordures du chemin. N'importe !... la soif vous dévore... il faut boire... On se précipite vers le trou, les soldats remplissent leurs bidons, les plus diligents absorbent à longues gorgées cette eau fétide, d'autres se servent de leurs mains. Un civil, des plus vieux, affronte les jurons et les menaces du Prussien que cette scène impatiente, et parvient à remplir son sabot, qu'il accourt, tout joyeux, partager avec ses compagnons, moins heureux, moins favorisés...

Plus loin, un travailleur se rend aux champs, le sac sur le dos... « De grâce, procurez-moi du pain, lui crie « un prisonnier ; je meurs de faim. » — C'était la vérité. « Du pain ! répond le terrassier... Prenez... », et en disant ces mots, il tire de son sac le noir morceau qui devait servir à son goûter, et le jette au civil qui tend la main. Combien parut-il heureux, ce brave paysan, d'avoir soulagé dans la détresse un de ses compatriotes ! Mais aussi quelles amères réflexions dut-il se faire en voyant l'état où la guerre avait réduit le peuple français !..

On nous accorda de temps à autre quelques minutes de repos dans le cours de cette étape. Les Prussiens profitaient de ces arrêts pour attaquer, avec un appétit

glouton, un jambon de Mayence, ou pour déguster avec
bonheur une bouteille d'eau-de-vie ; d'autres fredonnaient
en chœur quelque romance allemande. Les Français
s'entretenaient de choses différentes : les uns se demandaient le but de cette marche forcée, ou bien formaient
mille projets pour échapper à ceux qui nous escortaient ;
les autres s'irritaient à la vue des *paratonnerres* (1),
étouffaient une exclamation de colère, et murmuraient
sourdement : « Plus tard..... » ; quelques-uns parlaient
de la guerre, et criaient haut à la trahison ; ils n'avaient
que cette excuse banale pour expliquer leur capture.
Les civils, eux, mornes, atterrés, s'étendaient sur le
talus d'un fossé, et là, pleuraient en pensant à leurs
femmes, à leurs enfants qui gémissaient loin d'eux...
Parfois, un vieillard se traînait humblement près d'un
chef, lui montrait ses pieds, déchirés par les pierres,
ses cheveux, blanchis par les années, lui disait qu'il
était innocent, que jamais un fusil n'avait touché ses
mains... Le Prussien ne l'écoutait pas toujours ; impatienté,
il le repoussait odieusement, en lui hurlant ces mots :
« Si vous m'importunez encore, je vous fais fusiller..... »

Dix minutes s'écoulaient ainsi, puis un clairon sonnait.
Les cris : En avant ! En avant ! se faisaient entendre ;
on se levait péniblement, et on s'éloignait encore.

Nous n'étions point mêlés aux soldats pendant la
marche ; les Prussiens ne le permettaient pas ; ils voulaient toujours qu'il y eût quelque espace entre l'uniforme des troupiers et la blouse des paysans. Ils se
complaisaient à montrer ce groupe disparate à tous les

(1) On appelait ainsi les casques des Prussiens.

détachements qui nous croisaient. « Ce sont des francs-
« tireurs, des brigands, des voleurs, » criait l'un.
« Voilà les gens du *landsturm* français, » disait l'autre,

Quoique mes démarches précédentes n'eussent amené
en notre faveur aucun résultat, je m'approchai ce jour-là
d'un officier bavarois, et tout en marchant, j'entrai en
conversation avec lui ; il était jeune, il paraissait bon :
« Monsieur, dis-je, en lui montrant un soldat qui menaçait
« encore du fusil un prisonnier civil, vos hommes sont
« sans pitié. Pourquoi ajouter la souffrance morale aux
« tortures qu'endurent ces malheureux ? Vous aurez à
« répondre un jour devant l'humanité des cruautés inutiles
« dont vos soldats donnent un si triste exemple. » —
« C'est la guerre, répondit-il ; elle entraîne après elle
« bien des nécessités. Pourquoi d'ailleurs, ces gens-là
« se sont-ils mis dans la lutte, et ont-ils tiré sur nos
« troupes ? Nous ne faisons point la guerre au peuple,
« mais ne soyez point étonné si des mesures sévères
« sont employées contre ceux qui nous résistent. » —
« Vous alléguez ce fait pour expliquer notre enlèvement,
« et je comprendrais votre rigueur s'il était exact. Est-il
« besoin de vous répéter notre histoire ? Un ouvrier
« cache un fusil dans une haie, les hussards le saisissent,
« le fusillent aussitôt, et nous, ils nous arrêtent et nous
« font leurs prisonniers. Que votre administration mili-
« taire fasse une enquête ; qu'elle interroge les habitants
« de la contrée ! Qu'elle demande à von Wittich lui-
« même, qui a donné l'ordre inhumain de nous con-
« duire en Prusse, et si elle nous reconnaît coupables,
« qu'elle nous condamne ! Mais qu'elle ne nous laisse
« point emmener aussi arbitrairement dans une lointaine

« captivité ! Sont-ils bien à craindre ces vieillards que
« vous voyez ici, presque fous de douleur et d'abattement ?
« La plupart n'ont jamais tiré un coup de feu, et certes,
« ils regretteront sans doute de n'avoir pas eu le plaisir
« de le faire sur vos soldats, quand leur sort ne devait
« pas être pis..... Accordez-moi, Monsieur, la faveur de
« parler au commandant de place à Coulommiers ;
« peut-être mes explications atténueront-elles l'arrêt
« supérieur qui nous frappe si injustement. » — « Non,
« reprit l'officier, vos paroles seraient inutiles ; le com-
« mandant ne peut rien pour vous. C'est un exemple
« qu'on a voulu donner dans l'Orléanais pour inspirer
« la crainte. Je regrette que vous en soyez les victimes.
« Adieu ! » Et-il s'éloigna pensif.

Nous approchions de Coulommiers. L'acte suivant
nous fut donné pour clôture de la journée : Un soldat
français avait répété, en l'imitant, le cri : En avant !
qu'un officier de uhlans avait prononcé de sa voix rauque
et brève. Celui-ci l'entendit, et, sans dire une parole,
tira un révolver de ses fontes et ajusta le prisonnier.
Un frisson me passa sur le corps, le mot *pardon* frappa
mon oreille, et le coup partit. J'avais détourné la vue ;
quand je regardai, le soldat était suppliant, à genoux, les
mains jointes ; l'officier remettait son arme en place..
Soit intention, soit maladresse, la balle n'avait atteint
personne : chacun en fut quitte pour la peur.

A quatre heures, nous entrions dans Coulommiers ;
une partie des prisonniers furent casernés dans l'église,
les autres dans la prison. Nous fûmes en cette ville
l'objet de quelques égards ; le Maire nous vint
visiter, se fit raconter notre histoire, et nous plaignit

amèrement : c'était tout ce qu'il pouvait faire. Plusieurs vieillards se présentèrent à la visite que passait un major prussien, mais ils furent renvoyés brutalement. Qu'on me laisse remercier publiquement le geôlier pour un service personnel; je l'avais prié d'aller m'acheter certains effets dont j'avais le plus grand besoin : il m'apporta deux chemises... Elles ne me servirent point, il est vrai : les Prussiens me les volèrent huit jours plus tard, à Stettin.....

Je passai la nuit dans la cellule n° 16; l'autel, où l'aumônier, en des temps meilleurs, disait la messe pour les détenus, était placé près de cette cellule. Singulière destinée que celle où nous marchions !...

Il pleuvait le lendemain à l'heure du départ. Jusqu'à midi nous fûmes mouillés par une pluie froide, poussée par un vent assez grand. La route, défoncée déjà par les lourds chariots prussiens, était détrempée par cette eau, et une boue épaisse incommodait la marche en s'attachant aux pieds. De loin en loin, nous voyions quelques ouvriers employés sur cette voie; ils portaient tous à leurs casquettes les deux lettres P. C. C'était, je suppose sur l'ordre de l'ennemi qu'ils travaillaient; dans la pensée de tout prussianiser, les agents de Bismarck leur avaient enjoint sans doute de porter cette inscription, qui signifiait évidemment *cantonnier prussien* (1).

Je me souviens d'avoir remarqué aussi le mot *Schule* écrit sur la porte des écoles dans plusieurs villages. Etait-ce pour les préserver de l'occupation? Je le pense; néanmoins elles paraissaient désertes d'élèves. En se

(1) *Preussisch Chaussear   ter*

rappelant en quel état les Prussiens mirent les écoles du Loiret (1), on se demande si celles de la Champagne ont eu l'heureuse chance de ne pas être transformées en écuries, pour avoir pris la dénomination allemande...

A Coulommiers, une dizaine de réfractaires bavarois et prussiens avaient été réunis à nous. Quelques-uns faisaient triste mine, d'autres riaient ; l'un deux connaissait Orléans ; dans une conversation, moitié allemande moitié française, il me parla avec admiration de la *Jungfrau* de Schiller. Tous ces soldats descendirent quelques jours après à Mayence, où ils devaient passer en conseil de guerre. Ils auront payé cher, je n'en doute pas, leurs infractions à la discipline prussienne.

Nous fûmes vivement rappelés en ce jour au souvenir d'Orléans, par la vue de deux omnibus ornés de l'inscription : *Place du Martroi*, et remplis de blessés bavarois. Il n'était plus le temps où les braves conducteurs de ces voitures, sommeillant sous le trot lent de leurs chevaux, faisaient paisiblement le trajet du Martroi à Olivet et d'Olivet au Martroi ! C'était la première fois sans doute qu'ils parcouraient avec leurs voitures les routes de Brie et de Champagne, la première fois aussi qu'ils voyaient leurs omnibus remplis de voyageurs de cette espèce... Ils allèrent jusqu'à Nogent-l'Artaud, où ils déposèrent leurs blessés. Le soir, nous revîmes les mêmes véhicules ; ils étaient vides, et ils se dirigeaient cette fois vers Orléans. Que ne nous fût-il permis d'y prendre place !.....

(1) Voir le bulletin de l'instruction publique, n° 21: *Situation des écoles publiques après la guerre dans le département du Loiret.*

Le jour baissait, mais aussi le terme de notre voyage pédestre approchait. Le mauvais temps avait rendu plus mauvaise l'humeur de nos conducteurs. Voici, entre tous ceux qui signalèrent cette journée, deux actes de cruauté dont je fus témoin.

Pendant une halte, plusieurs soldats français s'étaient éloignés du gros de la troupe pour cueillir des pommes à un arbre voisin. Un civil (1) les suivait, et un Prussien suivait le civil. Au moment où le premier allait saisir le fruit qu'il convoitait tant pour étancher sa soif, le second lui appliqua sur la tête un si vigoureux coup de crosse que le malheureux en resta étourdi pendant quelques instants ; le sang avait jailli abondamment de la blessure et taché les vêtements du prisonnier, déjà souillés de boue. L'un de nous, se trouvant par hasard porteur d'une petite bouteille remplie d'huile, diminua la douleur de notre infortuné compagnon par l'application d'une compresse de ce liquide. Mais ce ne fut pas sans surveillance qu'il accomplit ce pansement. Un Prussien avait aperçu la bouteille ; flairant du *schnaps*, il s'approcha aussitôt, se fit donner le flacon, et ne se retira que lorsqu'il eut constaté par l'odorat qu'il ne contenait pas d'eau-de-vie. Chez le premier de ces soudards allemands, quelle haine du prisonnier en blouse ! Chez le second, quelle rapacité !

Un autre vieillard (2), que ses fonctions administratives avaient rendu plus odieux à nos ennemis, souffrit dans cette journée un véritable martyre. Epuisé, à bout

(1) Goueffon (Désiré), d'Ormes.

(2) Soulas-Pasquier, adjoint au maire de Bricy.

de forces, il lui était impossible d'aller plus loin. On croit peut-être que dans cette triste position il excita la pitié des Prussiens : on se trompe. Après maints coups de crosse, ils le jetèrent, il est vrai, dans une charrette remplie déjà d'invalides, mais c'était pour lui faire subir un nouveau supplice. Le malheureux vieillard, obligé à tout instant de descendre de cette voiture, n'y pouvait remonter que péniblement : à chaque fois, un Prussien l'activait de la crosse et de la baïonnette. Il arriva à Nogent-l'Artaud dans un état complet de prostration. Dès cette journée, il eut le pressentiment de ne jamais revoir et sa famille et son village. « Ah ! me disait-il plus tard, « lorsqu'ensemble nous cassions des cailloux sous les forts « de Stettin, munis des deux plus grosses masses, ah ! vous « êtes jeune... . vous reverrez un jour la France..... moi, « je n'ai plus d'espoir..... » En effet, il succomba au mois de novembre, à Pasewalk (1).

C'était avec bonheur que nous voyions approcher la fin de cette pénible marche, qui depuis six jours nous éloignait sans cesse de notre village ; les cinquante ou soixante lieues, que nous avions faites sous la baïonnette prussienne, et presque sans nourriture, avaient fait de nous des personnages d'assez piteuse mine : à peine nous reconnaissions-nous nous-mêmes.

A Nogent-l'Artaud (2) commençait pour les Prussiens _emploi des voies ferrées. La vapeur allait donc nous emporter maintenant ; nous croyions nos plus grandes

(1) Petite ville, située à 5 milles environ à l'ouest de Stettin. (Le mille d'Allemagne vaut 7 kil. 403 m. 78 cent et le mille prussien 7 kil. 532 m.)

(2) Département de l'Aisne.

souffrances passées, nous bénissions le Ciel..... Hélas ! nous étions loin de penser que le train dans lequel nous devions monter allait nous transporter jusque sur les bords de la Baltique, et que dans le wagon rempli de fumier où nous allions être entassés, il allait se passer des actes d'une cruauté inouïe ......

Mon Dieu, je ne chercherai point à comprendre vos desseins éternels ; mais si vous avez permis nos infortunes, pourrez-vous laisser impunis les forfaits de nos barbares ennemis? Votre justice divine ne frappera-t-elle pas bientôt ces cruels Germains qui n'ont pas craint de s'attaquer à des femmes, à des enfants, à des vieillards innocents et sans défense?

Nous avons bien cet espoir.

Faites-nous un jour, ô mon Dieu, l'instrument de vos décrets vengeurs sur la terre de Prusse !

Que notre patrie redevienne « votre soldat » et le flambeau du monde, et qu'elle marche de nouveau à ses immortelles destinées !

C'est là notre pensée, notre prière, notre espoir.....

CHAPITRE IV.

Voyage en chemin de fer : Château-Thierry, Chalons, Bar-le-Duc, Nancy, Lunéville, Wissembourg. — Mayence, Francfort, Fulda, Gotha, Weimar, Leipzig, Berlin, Stettin. — Martyre de deux prisonniers civils.

Ici commence pour les prisonniers de Bricy une nouvelle période de souffrances. Sur les routes de Beauce, de Brie et de Champagne, ils pouvaient parfois se soustraire à l'inhumanité des soldats prussiens, éviter les coups que ceux-ci leur prodiguaient, se désaltérer dans l'ornière du chemin, recueillir au passage un morceau de pain dans quelque hameau ; ils pouvaient au moins respirer l'air pur de la campagne. Dans le wagon de Nogent-l'Artaud, la faim et la soif vont les accabler ; un air vicié va presque les asphyxier ; le sommeil va leur faire complètement défaut ; ils ne pourront ni s'asseoir ni se coucher, et ils vont être privés par là d'un repos devenu des plus nécessaires ; beaucoup de vieillards à qui on ne permettra pas de descendre aux différents arrêts, vont être obligés de satisfaire aux besoins de la nature dans un coin du wagon ou de salir leurs vêtements... Tous enfin ils vont être en butte à la férocité des soldats de Guillaume ; quelques-uns même vont souffrir un long et douloureux martyre... Belles pages à écrire pour l'his-

4.

toire de la Prusse !...

« Dieu soit loué ! avions-nous dit en arrivant à Nogent-l'Artaud, nous touchons au terme de nos souffrances ; après tant de fatigues, nous allons enfin goûter un peu de repos. » Nous nous réjouissions presque en entendant de loin le sifflet des locomotives. Il fallait si peu de chose pour amener sur nos fronts un éclair de joie, et dans nos cœurs un rayon d'espérance..... Hélas ! la déception allait être cruelle, et nous ne tardâmes pas à en ressentir toute l'amertume. La pluie n'avait pas cessé de la journée, et nous étions mouillés jusqu'aux os lorsque nous montâmes dans le wagon qui nous était destiné.

Je passerai sous silence les menaces et les coups de poing que nous eûmes à essuyer de la part des Prussiens cantonnés à Nogent-l'Artaud. Ce sont toujours les mêmes cris féroces d'une meute sauvage et furieuse ; c'est toujours la même et odieuse répétition des scènes précédentes...

La crosse et la baïonnette nous avaient poussés dans le lourd véhicule prussien ; nous étions quarante-huit, pressés les uns contre les autres, ne pouvant faire le moindre mouvement, ne pouvant ni nous asseoir, ni nous coucher. Ce wagon avait servi précédemment au transport des chevaux, il se trouvait rempli de fumier; une odeur fétide nous y suffoquait et y rendait notre présence insupportable. Deux gardiens, soldats de la landwehr, nous escortèrent, en se plaçant près de l'ouverture laissée libre pour empêcher de notre part toute tentative d'évasion.

Le train se mit en marche, mais il ne s'éloigna que d'une lieue à peine; il faisait nuit, et nos conducteurs craignaient de voyager pendant l'obscurité... Dans ce pays, occupé par eux depuis si longtemps déjà, ils savaient que le patriotisme n'était point éteint dans les cœurs, et que derrière une haie voisine de la voie ferrée, un paysan, pour venger sa demeure incendiée, pouvait bien les attendre avec de la poudre et du plomb...

Encore une nuit dont nous conserverons un triste souvenir!... Pour faciliter leur surveillance, nos deux gardiens étaient descendus en fermant hermétiquement le wagon ; puis, par suite de cette précaution, ne redoutant plus aucune évasion, ils s'étaient éloignés et nous avaient laissés gémir sur le fumier dans lequel nous enfoncions à mi-jambe. Combien de temps restâmes-nous ainsi? Nous l'ignorons .. Parfois l'un de nous frottait une allumette sur la planche humide, et à la lueur que projetait pendant une minute ce petit flambeau, on pouvait observer un douloureux spectacle. Appuyés sur l'épaule les uns des autres, se bouchant les narines pour ne point respirer l'odeur nauséabonde qui s'exhalait dans ce milieu, des malheureux, vaincus par une suite de fatigues inouïes, cherchaient en se supportant mutuellement un sommeil qu'ils ne trouvaient point ; d'autres, ne pouvant plus se soutenir, s'étaient laissé tomber, au risque d'être foulés aux pieds, et gisaient dans le fumier ; un pauvre vieillard, dans un coin, avait retiré ses sabots de ses pieds, les avait déposés sur un monceau d'excréments, et s'était assis sur ce siége improvisé. O compassion !... Je le vis grelottant dans ce coin, gémissant sur son triste sort, la tête appuyée dans ses mains, le corps à moitié disparu dans le fumier, presque asphyxié..... Du reste, nous nous sentions tous horriblement gênés, notre poitrine était oppressée, notre respiration devenait de plus en plus haletante ; nous aurions infailliblement péri, si cette situation eût continué une heure encore Nous frappions sur les planches à coups redoublés, nous demandions qu'on vînt nous ouvrir, mais on restait sourd à nos cris comme à nos coups... A la fin, ne pouvant plus résister, quelques-uns s'étaient mis en devoir d'enlever une planche disjointe et étaient occupés de ce soin, quand nos deux Prussiens vinrent avec un renfort satisfaire à nos justes demandes. Assurément, les chevaux qui nous avaient précédés dans ce wagon, avaient été traités d'une façon plus humaine ; on ne les avait pas privés, j'imagine, de l'air nécessaire à leur vie...

Au matin, nous étions méconnaissables ; tous nos vêtements étaient souillés d'un purin infect ; ceux qui s'étaient couchés surtout se relevaient dans un état de saleté révoltante... Et penser que nous allions rester dans un tel cloaque pendant plusieurs jours, une semaine peut-être... penser que dans ce véhicule maudit nous allions traverser la France, l'Allemagne, aller jusqu'au cœur de la Prusse, à une destination inconnue..... en vérité, c'était à en devenir fou.

Le train était reparti ; Château-Thierry, Epernay avaient été dépassés. La soif plus que la faim nous faisait souffrir, et pourtant nous n'avions pris aucune nourriture depuis la veille au matin, à notre passage à Coulommiers ; mais presque tous nous étions en proie à une fièvre ardente qui provoquait une altération constante. A Châlons-sur-Marne, il vint à l'esprit de ces bons Prussiens que nous ne pourrions vivre longtemps ainsi, et ils

nous firent descendre pour nous servir du pain et du riz.
Au moins le pain était-il français encore : je fais cette
remarque, car c'est à Châlons que nous goûtâmes pour
la dernière fois le pain de la patrie.

A notre grande satisfaction, nous pûmes aussi, en ce
lieu, jeter au dehors une partie de la litière qui nous
infectait.

Les deux wagons qui faisaient suite au nôtre ne portaient point de prisonniers ; ils étaient chargés de trois
ou quatre pièces de canon françaises, montées sur leurs
affûts ; deux drapeaux également français, déchirés,
troués de balles, flottaient au-dessus de ces canons.
Dans la hampe de chacun d'eux étaient passées des
couronnes garnies de fleurs, les dernières de l'automne
peut-être qui allaient s'effeuiller sur la route de Prusse !

Où l'ennemi avait-il pris ces trophées ? Où l'inconstante
fortune avait-elle encore abandonné nos armes, elle qui
les avait autrefois conduites dans toutes les capitales de
l'Europe ? Je ne pus le savoir.

Qu'elle était pénible la vue de ces aigles pendantes, en
lambeaux, de ces aigles françaises tombées aux mains d'un
vainqueur ironique, qui vous les montrait avec tout
l'orgueil du triomphe, qui les parait de fleurs pour insulter
avec plus de mépris au malheur du vaincu (1)! Ah ! s'ils
avaient pu lire dans nos cœurs toute la haine que leurs
insultantes railleries y faisaient entrer, ils auraient frémi,
je crois, ces glorieux fumeurs, en pensant à l'avenir !

(1) « Pendant qu'on suivait avec une vive attention les
« événements lointains, dit un auteur allemand que je
« traduis, les premiers trophées de la victoire arrivaient en
« Allemagne.

Vitry, Bar-le-Duc, Commercy avaient été franchis. Cette nuit encore, le train resta stationnaire ; les Prussiens, quoique en Lorraine, ne se trouvaient pas assez en sûreté pour agir comme dans leur propre pays. Le lendemain, à Nancy, nous nous arrêtâmes à peine ; c'était là pourtant que devait se trouver, selon les paroles d'un officier bavarois, « l'acte signé de S. M. le Roi de Prusse, « qui nous rendait la liberté. » Cruelle dérision ! ...

A Lunéville, l'ennemi parut faire droit à nos demandes réitérées de boisson ; mais le bouillon qu'il nous donna était tellement mauvais, tellement salé, qu'il fut impossible à qui que ce soit d'en boire la moindre gorgée. Qu'on joigne à cela quelques débris de viande infecte, un morceau de pain noir, amer, — le pain de la Prusse enfin, — et l'on aura une idée du confortable qui devait nous soutenir jusqu'à Berlin.

« Le premier drapeau français fut amené à Berlin le « 28 août, avec 27 canons. L'aigle portait la croix de la « Légion d'honneur ; les aigles et les étendards des régi- « ments qui se sont distingués d'une manière tout-à-fait « éminente devant l'ennemi, reçoivent seuls cette décora- « tion dans l'armée française.

« A la gare, le détachement qui escortait ce drapeau, « fut orné de couronnes, la voiture même des deux soldats « qui le portaient fut remplie de fleurs ; — le transport ne « pouvait se faire à pied, parce que ces deux soldats « avaient été blessés en s'emparant de ce trophée. — Le « 29, les canons furent déposés publiquement dans la cour « du château royal. »

KARL WINTERFELD, *Vollstandige Geschichte des deutsch-franzozischen Krieges von 1870*, page 241.

Je ne saurais dire tous les sentiments que nous éprouvions en voyant fuir les plaines de la patrie. Qu'il était loin, le clocher penché du village ! Que de femmes, là-bas, pleuraient sans doute leurs maris absents ! Que d'enfants au réveil, demandaient à revoir leurs pères ! Pensées bien amères, qui ne s'exprimaient point, mais qui se traduisaient par des larmes...

Et ces paysans, nos compatriotes, penchés sur la haie de la voie, venus là pour protester contre la mauvaise fortune de nos armes, pour témoigner de leur attachement à la patrie, pour saluer une dernière fois nos soldats malheureux ; ces paysans, dis-je, qui, en voyant ces prisonniers à peine vêtus, ces vieillards aux cheveux blancs, aux traits défigurés, au visage blême, joignaient les mains en signe de pitié, essuyaient les pleurs qui roulaient sur leur figure attristée, et murmuraient avec une foi ardente : « Mon Dieu ! ayez pitié d'eux ! », quelles émotions ne nous faisaient-ils point ressentir ?

Nous n'avions pas eu jusqu'ici à nous plaindre de nos gardiens ; il en sera de même jusqu'à Mayence. Gens paisibles de la landwehr, types accomplis des rêveurs allemands, protestants fervents, arrachés de leurs travaux et de leurs familles par la loi militaire prussienne, ils servaient pourtant avec abnégation et sans murmure, la Bible à la main. Je demandais à l'un d'eux si M. de Bismarck était aimé dans leur pays de Hesse. « Comme ci, « comme ça », me répondit-il : expression banale qu'ils connaissaient tous et qu'ils répétaient souvent. — « Vous « paraissez content de votre sort, repris-je ; n'est-ce donc « point un grand sacrifice pour vous d'abandonner votre « femme, vos enfants, votre commerce, et de vivre sur le

« théâtre de cette terrible guerre, exposé à tous ses hasards,
« à toutes ses vicissitudes ? » — « Cela m'est bien pé-
« nible assurément, s'écria-t-il ; mais, voyez... » Et m'indiquant du doigt son schako, il me fit lire la devise qui y
était inscrite.

Mit Gott für Kœnig und Vaterland !

Beau dévouement, s'il était sincère ! Patriotisme admi-
rable, s'il était vrai !

Nous avions reçu à Lunéville, de personnes généreuses,
quelques litres de vin. L'un de nous voulait payer ce vin
à un monsieur qui le lui présentait : « Me prenez-vous
pour un Prussien ? » repartit celui-ci avec vivacité. Parole
pleine d'amour patriotique, bien digne d'un Lorrain au
cœur français !

A Sarrebourg, où nous nous arrêtâmes quelques minutes,
je pus remarquer qu'un patois allemand commençait à être
parlé par la population.

Le soleil se couchait lorsque nous franchîmes la chaîne
des Vosges. C'était un beau tableau à voir que celui de
ces hautes montagnes, couvertes de forêts ou hérissées de
rochers, éclairées par les derniers rayons d'une lumière
rougeâtre qui allait disparaître à l'Occident. Mais je fus
distrait d'un spectacle aussi attrayant par de douloureuses
et tristes pensées... Hélas ! me disais-je, ces bois immenses,
ces gras pâturages, ces plaines fertiles, ces ruisseaux
sinueux, ces villes riches et populeuses, vont sans nul
doute nous être ravis ! Le vainqueur, irrité de cette résistance opiniâtre qui le force d'envoyer ses armées jusque
sur les rives de la Loire, ne laissera pas échapper cette
occasion de satisfaire son ambition, d'exercer sa rapacité.
Nous ne pouvons nous le dissimuler : l'issue de cette lutte

acharnée nous sera funeste. Ah ! chère et pauvre France !...

Saverne fut la dernière ville française que nous pûmes distinguer ; nous y fîmes un assez long arrêt. Les Prussiens de la localité se pressaient en foule autour de notre wagon, et nous examinaient comme un troupeau de bêtes curieuses. Un officier, informé de ma qualité d'instituteur par nos gardiens, me posa diverses questions. « Et vos élèves, « que font-ils maintenant ? » me dit-il à certain moment, du ton le plus ironique. « Monsieur, ripostai-je, ils appren- « nent à vous haïr, pour venger dans quelques années et « la France et leur maître !... » La réponse lui déplut ; il fronça les sourcils, tourna les talons, et s'éloigna en maugréant.

Le jour avait disparu ; ce qui restait encore de la patrie allait être dérobé à nos regards par la nuit sombre. Nous passâmes Haguenau, Wissembourg, dans l'obscurité... Wissembourg, le lieu de notre premier désastre... Wissembourg, où avait commencé le premier acte de ce long drame, qui, depuis trois mois déjà, ensanglantait nos plaines... Wissembourg, où l'ennemi avait envahi le « sol « sacré », où il nous avait écrasés par ses masses, où il avait d'abord déployé ses aigles et ses étendards victorieux !... Le lendemain, aux premières clartés de l'aube, la fron- tière était franchie, nous étions sur la terre allemande... Il fut triste, l'adieu à la patrie ! Beaucoup avaient le pres- sentiment que cet adieu était le dernier, que la France, le hameau, la famille, pour eux maintenant étaient un rêve : hélas ! ils ne se trompaient point...

Nous étions au 20 octobre.

Avec quelles acclamations les paysans allemands accueillirent ce train de prisonniers : acclamations de triomphe, mais non de joie, car ils pensaient que chacun de ces soldats, avant d'être pris, leur avait tué peut-être un ami, un parent, un fils... Leur figure pourtant s'épanouissait à la vue des drapeaux aux couleurs françaises ; un mouvement de satisfaction ébranlait leur tête sous leur bonnet de coton bleu, et c'était avec un orgueil peu dissimulé qu'ils continuaient d'arracher leurs pommes-de-terre.

Et les blondes Allemandes de la vallée du Rhin, de quels yeux étonnés et ravis ne regardaient-elles pas l'uniforme français ? Sûrement la capote militaire faisait naître dans leur cœur le désir de revoir bientôt leurs fiancés, revenant de France, « grands comme les Anciens (1) », et leur apportant pour cadeau de noces une pendule de premier choix !

Les vignes étagées sur les coteaux du littoral rhénan me firent aussi penser qu'autrefois

« Elles nous ont versé votre petit vin blanc, »

les jeunes filles de vos provinces, Germains de toute nuance, que nous confondons aujourd'hui avec les Prussiens sous le nom d'ennemis de race ! Si les temps sont changés, d'autres peuvent venir, où l'honneur de la France sera vengé, et où nous vous prouverons, comme le dit encore le poète, en réponse à la grotesque provocation de Becker, que

Où le père a passé passera bien l'enfant. »

Jusqu'à Mayence, rien ne signala notre voyage, si ce n'est l'évasion involontaire d'un prisonnier civil, entre Worms et cette dernière ville. On lui avait permis de descendre, pendant un arrêt de quelques secondes, au

(1) Campagne d'Egypte. Lettre de Bonaparte à Kléber.

milieu d'une plaine ; il ne put remonter assez tôt : le train
repartit, le laissant là, seul dans un pays inconnu, à vingt-
cinq lieues de la frontière, parmi une population dont il
ne connaissait pas le langage, et dont il avait à redouter
tous les soupçons... (1)

On nous a trop raconté que l'Allemagne et la Prusse
étaient dépeuplées, que tous les hommes valides servaient
sous les drapeaux, que les bras manquaient pour cultiver
la terre. Pour moi. j'ai été complètement désabusé en
voyant avec quel entrain le travail continuait, avec quelle
vigueur on remplaçait les absents. Au passage d'une ville,
sans le poste qui se tenait ordinairement à la gare, ou
sans la patrouille qu'on apercevait au loin, on n'eût jamais
pensé que là-bas, au cœur de la France, le canon grondait,

(1) Paul Hallais, de Bricy. Nous craignîmes pendant
longtemps qu'il ne fût arrêté comme espion et passé par
les armes. A notre retour, nous fûmes tout étonnés de le
retrouver au village. Pour regagner son pays, il dut, me
raconta-t-il depuis, coucher plus d'une fois dans les bois,
et vivre avec quelques pommes-de-terre ramassées dans
un champ ou même avec des racines d'arbres. Parfois, il
se trouvait au pied d'une montagne, et, pour éviter toute
rencontre, il se détournait de la voie tracée, la gravissait
en s'accrochant aux rochers, la descendait plus péniblement
encore, et souvent franchissait un ruisseau qui coulait à la
base. Après une dizaine de jours de marche, se guidant
seulement sur le soleil qu'il voyait disparaître au couchant,
il atteignit la frontière où il put enfin se faire comprendre ;
mais il mit près de deux mois encore pour parvenir à
Bricy, où il arriva dans un état de faiblesse dont il est à
peine remis.

semant la mort, ensanglantant nos champs, détruisant nos habitations; on n'eût jamais dit que les fils ou les frères de tous ceux que nous voyions, se battaient contre nous pour la prussification de leur vieille Germanie...

Nous arrivâmes dans l'après-midi à Mayence, où nous ne fîmes qu'une courte station. Nous passâmes sur un beau pont « *le libre Rhin allemand* », et dans la soirée nous étions à Francfort.

Tout ce que je me rappelle avoir vu à Mayence, c'est une patrouille d'une vingtaine de soldats, défilant au pas sur un des quais du Rhin, et chantant en parfaite mesure leur refrain favori :

« Lieb Vaterland, magst ruhig sein ;
« Fest steht und treu die Wacht am Rhein ! » (1)

De Mayence à Francfort, deux Bavarois avaient remplacé les Hessois commis à notre garde. Moins bons que ces derniers, ils étaient cependant plus rapaces que méchants.

C'est à Francfort que nous fûmes dotés des êtres les plus cruels et les plus inhumains que l'on puisse imaginer, cinq Poméraniens, dont un sergent et quatre soldats. Ils commencèrent par nous refouler vers les deux extrémités du wagon, gardant pour eux le milieu, où ils déposèrent un banc sur lequel ils s'assirent ; puis ils nous défendirent

(1) L'auteur de cette chanson est Max Schneckenburger, qui en fit la poésie vers la fin de 1840, et qui mourut en Suisse. Le compositeur de « *Die Wacht am Rhein* » est Karl Wilhelm, de Smalkalde, pianiste très-capable et compositeur distingué. Beaucoup de ses chansons et de ses morceaux de piano sont connus ; il composa la musique de « *la garde aux bords du Rhin* » en l'année 1855.

de parler, de nous plaindre même, et ne voulurent point
nous laisser approcher de l'ouverture qu'ils gardaient,
nous privant par là de l'air libre et de la vue des paysages
allemands, assombris déjà par les premiers voiles de la
nuit ; bien plus, ils ne permirent à aucun de nous de
descendre, et parfois cependant les arrêts étaient d'assez
longue durée. Combien de vieillards pourtant sollicitaient
cette grâce ! Hélas ! après maintes supplications, toutes
repoussées par la pointe d'une baïonnette, ils se voyaient
réduits, les malheureux, à satisfaire aux exigences de la
nature dans le coin le plus retiré du wagon, ou même à
salir les pantalons en lambeaux dont ils étaient couverts...

J'en vis un qui, étant parvenu à se faire quelque place
et à se coucher, resta dans cette position pendant deux
jours et deux nuits, ne prenant aucune nourriture, et se
salissant à chaque instant en infectant le wagon. Et il n'é-
tait pas le seul qui fût dans ces tristes conditions ! Encore
tous ces pauvres vieillards devaient-ils éviter de n'être
point aperçus de leurs bourreaux !...

Avec les autres gardiens, nous étions dans le fumier,
nous ne pouvions nous coucher, nous n'avions presque
pas de nourriture, mais au moins nous étions tranquilles,
ils nous abandonnaient à nous-mêmes ; avec ceux-ci, pas
un instant de repos, sans cesse poussés, bousculés, mis
en joue, menacés du sabre, frappés de la crosse : on
eût dit qu'une récompense eût été promise à ces Huns
nouveaux, s'ils parvenaient à faire succomber dans le
reste du trajet le plus grand nombre de ces prisonniers
en blouse, de ces pères de famille ! Parmi les cinq, aucun
ne connaissait un mot de français, et c'était toujours avec
la baïonnette qu'ils exprimaient leurs ordres et qu'ils se

faisaient comprendre. C'était significatif, et l'on conçoit qu'il nous était facile ainsi de saisir instantanément ce qu'ils ne pouvaient exprimer. Il ne s'écoulait pas cinq minutes, sans qu'ils fissent circuler entre eux une bouteille d'eau-de-vie qu'ils remplissaient à tour de rôle aux différentes stations; aussi, étaient-ils constamment ivres, et d'une brutalité que rien n'égale. Le sergent surtout se faisait remarquer par sa férocité, aussi bien envers les hommes qu'il commandait qu'envers no us. Malheur à celui de ses soldats qui fermait les yeux pendant quelques instants! Un vigoureux coup de poing, appliqué sur la figure, le rappelait vite à son devoir, et, on le voit, d'une façon tout à fait chevaleresque.

A chaque station aussi, ce sergent nous montrait à la foule curieuse, empressée, et cette exhibition lui valait une longue tartine de pain, grassement recouverte d'une couche de beurre parsemé de sel, que lui offrait quelque Prussienne exaltée.

C'est à Francfort encore, et sous de tels gardiens, que commença pour deux malheureux vieillards un long et douloureux martyre! Comment pourrai-je, ô mon Dieu, raconter de telles cruautés? Il le faut cependant : le sang de ces infortunés crie malédiction sur la Prusse, c'est à nous de crier vengeance.

Déjà la nuit précédente, deux de nos compagnons d'infortune, l'un septuagénaire, l'autre âgé de cinquante-cinq ans, avaient donné des signes d'aliénation mentale (1). Ils

(1) Jacques Penot, de Bricy, et Eugène Gigou, d'Ingré, dont j'ai déjà parlé. Tous deux d'ailleurs avaient l'esprit

ne cessaient de débiter des propos incohérents, d'appeler leurs femmes, de demander où étaient leurs bestiaux, et vignerons tous deux, de réclamer la clef de leurs caves. Pendant le jour, ils s'étaient calmés, et nous avions lieu d'espérer qu'ils ne recommenceraient point leurs divagations, quand les mauvais traitements des cinq Poméraniens vinrent, au contraire, les augmenter. L'un d'eux, dans le délire d'une fièvre ardente, alla même jusqu'à mordre au doigt le Prussien qui le repoussait à coups de crosse. La rage de nos gardiens fut telle alors qu'ils menacèrent de nous fusiller tous dans le wagon, si nous faisions le moindre bruit ou le moindre mouvement ; ils auraient, je crois, avec une grande joie, mis cette menace à exécution, s'ils en eussent eu l'autorisation. Mais, ne pouvant le faire, ils voulurent au moins que la punition des deux aliénés fût de la dernière rigueur.

Ils commencèrent par les dépouiller de leurs casquettes et de leurs chaussures ; puis, leur ayant attaché les pieds l'un à l'autre, leur ayant lié les mains sur le dos, et les ayant couchés sur la planche du wagon, ils les battirent avec une cruauté sans exemple : non-seulement ils se servirent de la crosse et du sabre pour assouvir leur colère sur ces deux hommes sans raison, ils ne craignirent point d'employer aussi le fer de leurs baïonnettes. Parfois, pour un soupir que laissait échapper à un de ces malheureux une douleur trop aiguë, les sujets du roi Guillaume, tout à fait dignes de ceux de Tamerlan, tiraient leurs baïonnettes et

faible, et il n'était pas étonnant que les rudes secousses que nous avions subies les eussent mis dans ce déplorable état.

tour à tour recommençaient à frapper ; ou bien, dans un mouvement de rage, ils chargeaient leurs armes, et, appuyant le canon sur la gorge de nos deux compagnons, le doigt sur la détente, ils semblaient pendant quelques instants vouloir mettre fin à leurs souffrances.

Dans ces cruels moments, nous nous bouchions les oreilles pour ne point entendre la détonation, nous fermions les yeux pour ne point voir un spectacle aussi odieux ; et, témoins malgré nous de ces scènes affreuses, nous avions encore la douleur de ne pouvoir porter à ces infortunés vieillards aucun soulagement, aucune parole de consolation.... Moi seul, sur l'ordre des forcenés qui nous gardaient, je pus m'approcher d'eux. Horreur ! horreur ! le tableau que je vis me glaça d'indignation... On ne reconnaissait plus en ces deux martyrs de figure humaine... Ils étaient raides sur la planche ; leurs pieds et leurs mains étaient coupés par les cordes qui les retenaient, leurs vêtements déchirés, souillés de sang et d'excréments de cheval, leurs cheveux arrachés ; leur visage ensanglanté, appuyé sur le bois du wagon, ne présentait plus qu'une immense plaie, affreuse à voir ; une bave épaisse et sanguinolente s'échappait de leur bouche, qui était, ainsi que les narines et les plaies, garnie de fumier attaché au sang des blessures.....

Je n'avais à leur communiquer, à ces pauvres insensés, qu'un ordre barbare, aussi cruel que ceux qui se servaient de moi pour l'exprimer. « A chaque plainte, à chaque cri que vous pousserez, étais-je chargé de leur dire, nos gardiens vous infligeront une punition, vous frapperont de la crosse, vous piqueront de la baïonnette ; il est donc de votre intérêt de ne vous plaindre en aucune façon. » Ils

ne me comprirent pas, les pauvres gens, et j'en remercie
Dieu. Quelquefois, dans un moment lucide, le souvenir du
village leur revenait tout à coup à l'esprit, et, bien loin de
se taire, ils poussaient au contraire des plaintes amères.
C'était à fendre le cœur. Leurs bourreaux ne laissaien[t]
point échapper ce prétexte pour renouveler leurs cruautés : tour à tour, ils retournaient vers leurs victimes, le
sergent le premier, et continuaient d'exercer sur elles
leur férocité. Puis, las de frapper enfin, ils revenaien[t]
prendre place sur leur banc, où ils fredonnaient, avec un
air de bien grande satisfaction, et en les arrosant large-
ment d'eau-de-vie, le *Freyschütz* ou *Il Bacio* (1), valses
très-répandues dans les campagnes allemandes.

Cela se passait dans la nuit du 20 au 21 octobre. Au
matin, nous descendîmes à Fulda, ville de la Hesse-Cassel,
sur la rivière du même nom. On nous servit là, sous le nom
de café, une boisson noire, amère, non sucrée, que nous
bûmes néanmoins avec plaisir tant la soif nous faisait souffrir. Nos deux malheureux compagnons ne descendirent
point ; ils restèrent garrottés sur le fumier du wagon, et
ils devaient rester ainsi jusqu'à Stettin, capitale de la Poméranie, où nous allions être internés tous...

Quelle horrible journée commencions-nous là ! Elle
seule suffirait à stigmatiser la Prusse entière, si cette nation maudite n'eût été déjà marquée au fer rouge par
l'Europe civilisée !

(1) Le *Freyschütz*, de Weber, a été arrangé pour la
scène française, en 1824, sous le titre de *Robin des Bois*.

La valse d'Arditi, *Il Bacio*, est généralement chantée en
France sous le nom du *Rêve*.

On a souvent parlé de l'attitude de la population civile, en Prusse, à l'égard des prisonniers français ; on nous la montrait bonne, charitable, compatissante, et nous le croyions... Grande a été notre erreur ! La population prussienne ? Ah ! elle est bien la digne fille de cette race vandale, destructrice et féroce, qui, pendant près d'un siècle et demi, épouvanta de ses crimes la Gaule, l'Espagne, l'Afrique, l'Italie et la Grèce ! ... Ils étaient bien les pères de ceux qui ravageaient la France, ces hommes déjà vieux, à figure patibulaire, à longue redingote crasseuse, qui nous menaçaient du poing sur tout notre passage ! ... Je raconterai dans la suite de cette relation ce qu'ils furent pour nous, les généreux habitants de cette Prusse éclairée, prépondérante, qui se disait la propagatrice de l'instruction en France. Pour le moment, je me bornerai à citer les humiliations qu'ils nous ont fait subir, les injures dont ils nous ont gratifiés, et la vengeance même qu'ils ont exercée contre nous, en ce jour du 21 octobre.

A chaque station, et plus particulièrement aux grandes villes, à Gotha, à Weimar, à Leipzig, notre sergent poméranien trouvait récréatif pour lui d'ouvrir entièrement les deux côtés du wagon, et de narrer à la foule l'histoire des « brigands » qu'il était chargé de conduire, n'oubliant point de raconter la « révolte » de deux d'entre eux, et de dire qu'ils étaient là, garrottés, dans un coin. Après un tel discours, le wagon était aussitôt assiégé ; une populace furieuse pénétrait dans l'intérieur, nous refoulait vers les extrémités, et allait menacer et même maltraiter les pauvres fous dont le plus grand crime était de s'être plaints. Oui, j'ai vu quelques-uns de ces hommes féroces pousser l'inhumanité jusqu'à frapper du pied les insensés qui gisaient là, meurtris, défigurés, couverts de sang. Personne n'eut la charité de leur offrir un verre d'eau, dans le long et pénible trajet de Fulda à Berlin.

Ceux qui ne pouvaient escalader le véhicule, et qui se voyaient privés du plaisir d'examiner l'un après l'autre tous ces prisonniers aux figures si peu martiales, qu'on leur présentait comme les animaux d'une ménagerie ambulante, nous montraient le poing et nous injuriaient. Après nous avoir traités de « francs-tireurs, de brigands, de voleurs, « d'assassins, de pourceaux (1), » ils ne trouvaient rien de mieux que de s'écrier en français, du ton le plus méprisant : « *La grande nation ! Voilà la grande nation !* » Avec quelle rage j'entendais ces cris ! O Prussiens maudits, ces humiliations retomberont sur vous, soyez-en sûrs, et dans un avenir qui peut-être n'est pas éloigné...

Pour les deux vieillards que les mauvais traitements avaient rendus fous, les scènes horribles de la nuit se renouvelèrent pendant toute cette journée : je ne les rapporterai point ; frappés tour à tour par le sergent et par ses soldats, de la crosse et de la baïonnette, à la face et à la poitrine, le martyre qu'ils endurèrent fait frémir d'indignation : Néron y eût applaudi...

Ces deux prisonniers arrivèrent néanmoins vivants à Stettin, où nous descendîmes le 22, à deux heures du matin. Lorsqu'on leur délia les pieds et les mains à la descente du wagon, ils pouvaient à peine se soutenir, ils étaient complètement privés de la raison ; la tête découverte, le visage déchiré, les pieds nus, ils tremblaient sous une bise glaciale, et à chaque minute ils cherchaient à quitter leur rang, où ils étaient ramenés avec maints

(1) Schweine-Bande.

coups de crosse. Le commandant de place de Stettin, un petit homme sec, rébarbatif, qui s'était trouvé à l'arrivée du train, les sépara de nous par un ordre terrible : « Aux « arrêts !!! » dit-il, après avoir entendu le rapport mensonger de notre cruel sergent. Aux arrêts !.. Les malheureux !... Ils allaient terminer leur long supplice sur la dalle humide d'une prison .. Où les mit-on ? Je ne sais ; mais quelques jours après ils moururent, et nous les conduisîmes à leur dernier repos (1). Cette consolation nous fut au moins donnée.

O victimes insensées !... Vous aviez quitté cette terre, mais le souvenir de vos souffrances ne s'y était point éteint ; nos cœurs, bouillants d'indignation, le conserveront religieusement jusqu'au jour où la France, redevenue forte et grande, ira porter sur la terre de Prusse le châtiment que celle-ci a mérité par ses crimes...

Ah ! M. de Bismarck ne tremble-t-il pas sous les malédictions que lancent du haut du ciel, sur sa tête, les martyrs de Bricy et de tant d'autres endroits ? N'est-ce pas sur lui, l'homme astucieux par excellence, le politique européen aux procédés machiavéliques, que retombe la responsabilité de tous les forfaits de ses cruels soldats, lui qui leur a enseigné l'art de la guerre d'une manière aussi barbare et aussi peu digne du siècle où nous vivons ? Si l'on considère le point où en est la civilisation, n'est-

(1) Une liste officielle des décès de tous les prisonniers civils, qui me fut délivrée par la *Commandantur* royale de Stettin, le 13 mai 1871, porte qu'ils moururent l'un et l'autre au *Garnison-Lazareth,* Eugène Gigou, le 23 octobre, de « faiblesses et fatigues », et Jacques Penot, le 31 octobre, de « fortes contusions. »

on pas en droit de lui dire que la Prusse a dépassé, dans cette guerre, Attila et ses Huns ?

Et Guillaume, le conquérant moderne, le roi ambitieux d'une nation de soldats, l'empereur de toutes les Allemagnes, ne sent-il pas la lourdeur de cette couronne qui lui ceint le front, tachée du sang de tant d'innocents ? Ne craint-il pas que ce sang ne retombe sur lui ou sur ses enfants ? Ah ! J'ai vu sa capitale, et je n'ai pu m'empêcher de trembler pour elle en pensant à la revanche future ! Si son auguste épouse, en l'honneur de ses victoires, voulait, à l'instar de la reine Louise pour ses dragons, lui broder de ses mains quelque étendard, je conseillerais au roi de Prusse de l'en empêcher ! Qu'il lui dise que ces victoires sont fumantes encore des assassinats sans nombre de ses soldats, et que ce serait insulter à l'honneur d'en conserver un tel souvenir...

A Berlin, nous fûmes reçus généreusement ; nous vîmes bien que c'était là la capitale du royaume prussien. Par l'ordre de l'administration sans doute, il nous fut donné du riz à discrétion, un riz épais, sans sel ni beurre, pareil à celui que les fermières de Beauce préparent pour les veaux. Quelle prodigalité ! O les bons Allemands ! les généreux ennemis !

Cet arrêt d'une demi heure fut pour moi une demi-heure de tortures. Je souffrais de me voir, ainsi que tous ces bons vieux paysans de Bricy et d'Ormes, en butte à la curiosité d'une foule de badauds berlinois ; j'aurais voulu pouvoir dire à tous ces fumeurs en longue redingote, combien nous détestions leurs soldats, et quelle haine ils accumulaient dans tous les cœurs français par leur rapacité incessante, leur pillage systématique, leur froide cruauté. A plusieurs d'entre eux, qui parlaient quelque peu français et qui me demandaient pourquoi ils nous voyaient à Berlin, j'avais répondu brièvement que je n'en savais rien, que tous ces vieillards avaient été arrêtés comme moi, sans motif aucun, dans un village aux environs d'Orléans, par les hussards de von Wittich. Ils haussèrent les épaules, en signe d'incrédulité, puis ils rapportèrent ces paroles à la foule curieuse, et tous de s'écrier en allemand, avec un rire haineux : « Ils sont innocents, « ces paysans orléanais... Ils sont innocents ! .. »

Et voilà comment est pratiquée la charité dans la capitale du roi Guillaume ! Alors même que nous eussions pris les armes pour la défense de nos foyers, et que les Prussiens nous eussent arrêtés dans la lutte, avaient-ils le droit, ces hommes du Nord, de nous traiter autrement que des prisonniers de guerre ? Que le roi Guillaume le sache bien, nous avons plié devant la force, mais nous n'avons reconnu à aucun de ses sujets, à quelque classe qu'il appartînt, ce droit cruel de torturer d'une frontière à l'autre, physiquement et moralement, cinquante prisonniers français, qui ignoraient eux-mêmes la cause de leur arrestation ! Ne pas respecter un malheur comme le nôtre, c'était pousser l'inhumanité jusqu'à la barbarie, c'était presque de la sauvagerie. Ah ! on reconnaît bien là le sang vandale !

Ici encore, un acte de brutalité à enregistrer. Un cultivateur de Bricy, poussé par un des gardiens, en descendant à Berlin, tomba sous les roues du wagon, et se brisa plusieurs côtes. Relevé par deux de ses compagnons et remis dans le véhicule, il arriva à Stettin en endurant des souffrances inouïes. Pendant une semaine, il se traîna chaque jour sous la garde d'un fusil à aiguille,— on craignait qu'il ne s'échappât !—à la visite d'un major prussien qui refusa constamment d'examiner ses blessures et de le panser. Après être resté quelques jours encore sur la paille, on le transporta d'urgence dans un lazareth, où il expira le surlendemain (1).

Nous étions rentrés dans notre infect wagon, et le train avait repris sa marche. C'était la cinquième nuit que nous passions dans ce véhicule empesté : on conçoit qu'elle ait été la plus pénible, la plus insupportable.

Il était deux heures environ lorsque nous atteignîmes Stettin. Tous les convois de prisonniers, — on me le dit plus tard, et je pus le constater bien des fois, — arrivaient de nuit à leur destination. Je ne sais dans quel but les Prussiens agissaient ainsi ; peut-être était-ce pour empêcher tout soldat de reconnaître les lieux et lui enlever tout espoir de s'échapper ? Si c'était en vue d'une évasion que l'administration prussienne prenait toutes ces précautions, il faut avouer qu'elle frisait la naïveté, sinon le ridicule, cette prudente administration, surtout pour les villes du littoral de la Baltique, comme Stettin, Kolberg, Dantzick, Kœnigsberg, bien qu'elles regorgeassent de prisonniers.

Le commandant de place nous avait fait ranger et séparer des soldats, à la descente du train. Il ne nous adressa qu'une parole, et chacun l'a retenue : « Ecoutez, dit-il,

(1) Sallé Etienne, 61 ans. Il mourut, le 5 novembre, de « faiblesse d'âge et dyssenterie, » dit l'état officiel émané de la *Commandantur* de Stettin, et signé du général commandant la place. Toujours candides, ces Allemands!

« vous serez tous fusillés, si...; » puis ne pouvant exprimer en français sa pensée plus longuement : « Dans la cour de « la caserne, » ajouta-t-il. Et l'ordre de marcher nous est aussitôt donné.

Ah ! si nos compatriotes avaient pu penser qu'en cette nuit froide du 22 octobre, nous parcourions mornes, atterrés, la mort dans l'âme, les rues mal pavées de la capitale poméranienne, ils auraient plaint bien amèrement notre triste sort, et peut-être plusieurs auraient-ils supporté plus courageusement le joug exécrable de l'envahisseur !...

Quelques natures énergiques se révoltaient à l'idée d'avoir fait un voyage de près de trois cents lieues, pour mourir sous les balles prussiennes d'un peloton d'exécution. Mais le plus grand nombre s'abandonnaient aux gémissements.

Combien auraient-ils préféré être fusillés en leur village, ces pauvres pères de famille, alors qu'ils passaient dix jours auparavant, nuitamment aussi, dans leur petit pays de Bricy, sur le seuil de leurs maisons, près de leurs femmes éplorées !...

Mais « dans la cour de la caserne, » comme l'avait dit le commandant, nous ne fûmes point fusillés. L'on nous fit de nouveau traverser Stettin ; nous passâmes sous l'une des portes fortifiées de la ville, nous franchîmes les ponts-levis, et nous nous trouvâmes dans la campagne. Là, au milieu de l'obscurité la plus noire, nous distinguâmes un camp, formé de baraques de paille creusées en terre à plus d'un mètre de profondeur. Des gardiens brutaux nous poussèrent avec la crosse dans l'une de ces baraques, et nous tombâmes pêle-mêle sur une paille humide et pourrie, où nous restâmes couchés jusqu'au matin...

. . . .

Le lendemain de la capitulation de Sedan, le 3 septembre, le roi Guillaume, après le repas du midi au quartier général, portait le toast suivant :

« Nous devons boire aujourd'hui, avec reconnaissance, « au bien-être de mes braves armées. Vous, ministre de « la guerre, de Roon, vous avez aiguisé notre épée ; vous, « général de Moltke, vous l'avez conduite, et vous, comte de « Bismarck, vous avez depuis plusieurs années dirigé la « politique prussienne et l'avez amenée à son période ac- « tuel. Laissez-nous donc boire à la santé de l'armée, « qui, sous ces trois hommes et sous chacun des assis- « tants, a jusqu'ici contribué si puissamment au suc- « cès (1). »

Le lendemain de leur incarcération dans la baraque de Stettin, les prisonniers de Bricy, en buvant à tour de rôle dans une gamelle une eau malsaine, que l'un d'eux était allé chercher sous la garde d'un soldat prussien, appelaient toutes les malédictions du Ciel sur Guillaume et sur ses « braves armées, » sur Bismarck et sur ses satellites.

« O Dieu ! disaient-ils dans une prière ardente, voyez « nos souffrances et jugez-les. Si nous devons mourir « sur ce sol inhospitalier et barbare, que notre long mar- « tyre au moins retentisse au fond du cœur de tous les « honnêtes gens, pour la honte à jamais ineffaçable de la « Prusse ! »

(1) KARL WINTERFELD, *Geschichte des Krieges von 1870*, page 269.

Quelle est celle de ces deux acclamations qui aura le plus touché le cœur de Dieu? Est-ce l'éloge pompeux des armées prussiennes dans la bouche d'un roi belliqueux? L'honneur rendu à cette épée sanglante, « aiguisée » par l'un, « conduite » par l'autre? La politique, arrivée à son plus haut point, d'un nouveau Machiavel? Ou bien est-ce la prière simple, mais fervente, que les « paysans or- « léanais » faisaient monter vers le ciel du fond de leur prison, en prenant Dieu à témoin des souffrances iniques auxquelles ils étaient en butte, et en le suppliant de les venger un jour? ...

Plus tard, je racontais cette scène à un officier français interné à Stettin et dont j'avais fait la connaissance. « Hé- « las! me dit-il, chacun le désire, ce jour chéri de la re- « vanche: mais quand viendra-t-il? » — « Nous ne pour- « ronsjamais pourtant, repris-je, nous attaquer à une in- « capacité plus grande que celle du roi Guillaume, en fait « de stratégie. » — « C'est vrai, me répondit-il encore; « et cependant aujourd'hui, en Allemagne comme dans « toute l'Europe, lui seul est Dieu et Bismarck est son « prophète... »

DEUXIÈME PARTIE.

CAPTIVITÉ. — RETOUR.

CHAPITRE PREMIER

Stettin!... Que d'amères pensées resteront attachées à
ce nom! Que de douloureux souvenirs ne rappellera-t-il
pas dans le cœur des prisonniers civils! C'est là que, pour
un mauvais fusil caché dans une haie de leur village, ces
pauvres gens traînèrent cinq mois de la plus misérable
existence; c'est là aussi que, sous les rigueurs d'un froid
sibérien et sous les traitements inhumains de nos implacables ennemis, succombèrent dix-huit paysans français,
vieillards pour la plupart et presque tous pères de famille,
victimes malheureuses de la plus odieuse violation des lois
de la guerre! La population de Bricy tout entière a
voué ce nom à l'exécration; il n'est pas un seul des habitants de ce village qui ne le maudisse chaque jour pour
celui de Guillaume ou de Bismarck : haine bien impuissante, il est vrai, mais qui restera comme un exemple fa-
meux de ce que les Prussiens ont accumulé d'horreur et
d'indignation dans tous les cœurs français.

Stettin, ville capitale de la Poméranie, est une des principales places fortes du littoral de la Baltique. Elle est

bâtie sur l'Oder, qui, en cet endroit, se divise en trois bras, et est située à 100 kilom. au nord-est de Berlin. C'est la seconde place pour le commerce maritime de l'Allemagne du Nord, Hambourg étant la première. Les gros vaisseaux ne parviennent pas jusqu'à Stettin ; ils s'arrêtent à Swine-münde. Stettin a une population de 50,000 habitants environ ; elle possède quelques belles places et quelques monuments remarquables. Cette ville est fort ancienne ; elle fut fondée par les Venèdes ou Wendes (1), peuple slave que l'on trouve épars dans diverses régions de l'ancienne Germanie ; elle appartint successivement aux Polonais, aux ducs de Poméranie, aux Danois, aux Suédois par la paix de Westphalie, et enfin aux Prussiens qui l'occupèrent en 1672 et qui s'en firent confirmer la possession en 1720. Après Iéna, elle tomba au pouvoir des Français. Chose étrange ! un officier de cavalerie légère de la brigade Lasalle osa sommer cette place forte, qui possédait une garnison nombreuse et une artillerie considérable. Le gouverneur, après une entrevue avec le général Lasalle, rendit en effet la place avec tout ce qu'elle contenait et livra prisonnière la garnison, forte de six mille hommes. Lannes y entra le lendemain, 21 octobre, avec son infanterie. « Rien assurément, dit ici un grand histo-« rien à qui j'emprunte ces détails, ne saurait mieux don-« ner l'idée de la démoralisation des Prussiens et de la « terreur qu'inspiraient les Français, qu'un fait aussi « étrange et aussi nouveau dans [les annales de la « guerre» (2).

(1) Voir Bouillet, *Dict. univ. d'hist. et de géog.*
(2) M. Thiers, *Hist. du Consulat et de l'Empire.*

C'est au sujet de la reddition de Stettin que Napoléon écrivait à Murat : « Puisque vos chasseurs prennent des « places fortes, je n'ai plus qu'à licencier mes ingénieurs « et à faire fondre ma grosse artillerie. »

Stettin appartint aux Français jusqu'en 1813; elle ne fut rendue à la Prusse qu'après l'abdication de Napoléon, par le général Barbanègre, le même qui, en 1815, se couvrit de gloire en défendant Huningue pendant douze jours, avec 500 recrues contre 25,000 Autrichiens.

C'était dans cette ville, dont je viens d'esquisser à grands traits l'histoire, que nous étions arrivés le 22 octobre 1870, — juste soixante-quatre ans après l'entrée de Lannes, — dans les conditions les plus déplorables.

Le camp où nous avions été conduits tout d'abord était situé en dehors de la ville, et composé de baraquements construits par les premiers prisonniers français. Les baraques étaient creusées profondément et garnies intérieurement de paille ; la pluie pénétrait facilement à travers la toiture et inondait les prisonniers : le temps, au reste, était excessivement pluvieux ces jours-là.

Notre première journée de captivité se passa assez tranquillement; le matin, au jour, nous avions aperçu, à chaque extrémité de notre baraque, deux factionnaires prussiens, qui se mettaient en garde et croisaient la baïonnette aussitôt que quelqu'un s'approchait pour sortir. Ainsi, ce n'était pas assez pour ces pauvres paysans d'être à trois cents lieues du village, dans un pays inconnu, au milieu d'un peuple dont ils ne connaissaient pas un mot de la langue : il fallait encore que des soldats sans pitié leur vinssent interdire la sortie de leur prison, et les empêcher de satisfaire en dehors aux besoins les plus pressants de la nature! Et pourquoi donc étions-nous ainsi gardés? Ah! c'est que les deux malheureux devenus fous sous les plus honteux traitements, et expirant en ce moment dans une prison humide ou dans un lazareth infect, étaient considérés comme « rebelles » par l'autorité prussienne, et nous subissions le châtiment de la « révolte » qu'ils avaient commencée. O administration insensée ou infâme! croyait-elle sérieusement à la rébellion de ces deux hommes, ou n'était-ce qu'un vain prétexte pour exercer sur nous les raffinements de sa cruauté?

Quoi qu'il en soit, nous étions plus que jamais prisonniers. Vers huit ou neuf heures, l'on nous conduisit à la distribution des rations du matin; la nourriture que nous reçûmes était composée de farine délayée avec de l'eau, salée quelque peu, puis chauffée jusqu'à l'ébullition; le soir, le même mets reparut : le midi, on avait ajouté à la farine une ou deux pommes-de-terre et quelques grammes de mauvaise viande. Pendant les cinq mois que nous passâmes en Prusse, nous revîmes chaque jour le même ordinaire, si ce n'est toutefois une espèce de café, ou plutôt d'eau noircie, qui remplaça plus tard la bouillie du matin. J'oubliais ce pain noir, excessivement mauvais, qui nous était donné pour quatre jours, et que nous mangions dans le seul but de ne pas mourir de faim.

Nous restâmes enfermés tout le jour; quelques têtes prussiennes se montrèrent aux portes, nous examinant curieusement et paraissant jouir du spectacle qu'offraient ces vieillards à demi-morts, grelottant sur une paille pourrie. Cette paille devait seule nous servir de lit plusieurs nuits encore : l'on ne nous délivra des couvertures que les jours suivants.

La seconde journée d'exil ressembla à la première, avec cette différence que notre baraque commença, dès ce moment, à devenir un foyer d'infection. Une dizaine de vieillards ne se levèrent plus de leurs lits de paille, à partir de ce jour, que pour se traîner à la visite dérisoire d'un médecin prussien, dont l'unique ordonnance fut le lazareth et la mort. Lorsqu'ils étaient sur le point d'expirer, on les transportait d'urgence dans un hôpital, et là un bain à l'eau froide avançait encore de quelques heures leur triste vie...

Ce jour-là précisément, 23 octobre, nous accompagnâmes à son dernier repos la première victime. C'était un homme de soixante-huit à soixante-neuf ans (1), à qui les soldats du wagon avaient cassé un bras. Nous le vîmes plus tard figurer comme « franc-tireur, » sur une liste de décès publiée à Berlin par la *Société internationale de secours aux blessés*. Quels exacts renseignements que ceux donnés par la *Commandantur* de Stettin !

Il nous fallut, pour aller prendre le corps, traverser une partie de la ville. Je ne décrirai point la manière dont nous fûmes accueillis : menacés du poing par les hommes, injuriés par les femmes, accablés de pierres par les enfants, ce trajet fut pour nous un véritable calvaire.

Le cimetière était assez éloigné de la ville. Un aumônier suisse, le révérend père Weick, nous y attendait. Il lut quelques psaumes, récita quelques prières, puis le corps fut descendu dans la fosse où déjà plusieurs cercueils étaient rangés. Nous nous retirâmes en silence, jetant tour à tour, en passant près de la tombe, une poignée

____

(1) Marchand Jean, de Bricy, décédé le 22 octobre.

de terre sur le corps de cet infortuné : c'était notre dernier adieu.

Au retour, je fus étonné d'entendre répéter en français,
par tous les enfants qui nous suivaient, cette phrase ironique : *Napoléon est pris*! J'en demandai la raison ; l'on
me répondit que ces mots avaient été appris aux enfants
lors de la capitulation de Sedan, dans le but de narguer
les prisonniers de guerre. C'est par la pratique qu'on en-
seigne le patriotisme dans les écoles allemandes ! Après le
9 novembre, quel est celui de nos instituteurs du Midi qui
a i pensé à apprendre à ses élèves, pour les jeter à la
face des quelques mille Prussiens prisonniers dans les départements du Sud, ces paroles en allemand : *Von der
Tann a été vaincu?*

Sur le soir, un officier prussien (1) nous vint visiter à notre
baraque ; il fit prendre nos noms et nous fit incorporer
dans la 27e compagnie de prisonniers, dont il était commandant. Il nous parla du gouvernement français en
termes tout à fait dépourvus de bon sens, et qui contras-
taient singulièrement avec l'instruction qu'il paraissait
avoir : « Ne vous en prenez qu'à vous, après tout, de vous
« voir ici, disait-il; vous subissez, je veux bien le croire,
« la peine des fautes de votre gouvernement ; mais pour-
« quoi le souffriez-vous, ce gouvernement impérial qui
« vous a trompés pendant vingt ans, et qui en est arrivé à
« vous faire entreprendre la guerre la plus folle qui fût
« jamais? » — Nous lui fîmes observer qu'il n'appartenait pas aux habitants des campagnes, et surtout à cinquante paysans d'un même village, puisqu'il semblait faire

(1) Le capitaine Kœnnerck *ou* Kœnnercky.

de la personnalité, de renverser un gouvernement et d'en choisir un autre. — « Le peuple français est sot et vain, « reprit-il ; il ne sait que subir le joug des despotes et « des prêtres (1). Aussi bien, en France, ajouta-t-il en nous « quittant, en France... *varietas delectat !* »

Le lendemain fut une triste journée. Dès sept heures, on nous emmena sous les forts de Stettin, on nous mit entre les mains de grosses masses, et on nous fit casser des cailloux. Ce furent là de bien pénibles heures ! Qu'on se figure, près d'une des portes fortifiées de la ville, un amas de pierres énormes, réunies dans un espace circuculaire de cinq mètres de rayon, et autour de ces pierres, travaillant aveuglément sous les menaces et les coups, une troupe de paysans français, les uns sans blouse, les autres nu-pieds, trempés par une pluie battante et froide, et l'on aura quelque idée des travaux auxquels nous fûmes employés pendant une dizaine de jours, non par utilité ni par besoin, mais seulement par haine.

J'ai dit les menaces et les coups, et c'est la vérité. Les nombreux gardiens qui nous entouraient ne nous épargnaient ni les unes ni les autres. Un sergent qui les commandait ne connaissait qu'un seul mot de la langue française et le répétait à toute minute : « Travaillez ! travail- « lez! » disait-il de sa voix rauque. Si le soleil venait à reluire un moment, une foule empressée, parmi laquelle se trouvaient beaucoup de femmes, s'assemblait près de nous, nous envoyait ses injures les plus grossières, et riait sans pitié sur notre infortune. Quant aux coups, malheur à qui

(1) Le mot textuel est une injure que je ne puis reproduire.

de nous relevait un instant la tête ! Malheur au vieillard
qui buvait trop longuement, dans une cruche apportée
là tout exprès, l'eau qui étanchait sa soif, qui diminuait sa
fièvre : la crosse et la baïonnette agissaient, et vite ! Nous
étions pour les Prussiens un troupeau de misérables
esclaves qu'ils pouvaient tout à leur guise chasser, battre,
et même faire succomber sur place. On se demande si les
Lacédémoniens traitaient les Ilotes avec plus de dureté !

Nous rentrâmes vers midi à la baraque, jetant nos vêtements mouillés sur la paille humide, et nous étendant
nous-mêmes sur notre infect grabat. Nous ne nous par-
lions presque plus, nous pleurions en silence. Hélas ! il y
avait une heure à peine que nous étions rentrés, lorsqu'il
fallut repartir, et reprendre les masses, et casser encore
du caillou (1). C'est à cinq heures seulement que nous
revînmes pour manger notre farine et nous coucher sur
la paille.

Les jours suivants furent d'une triste ressemblance :
dix heures de travail, traitements inhumains, souffrances
de tous genres. Une fois cependant, il y eut une variante :
il vint aux Prussiens l'idée bizarre de nous habiller comme

(1) Ce caillou était excessivement vénéneux; le plus petit
morceau qui vous atteignait produisait une inflammation
presque immédiate. Un individu de Bricy, Louis Miard,
qui en fut frappé d'un éclat à la jambe, dut être, deux
jours après, transporté à l'hôpital, où l'on fut sur le point
de lui faire l'amputation. Il ne revint à Bricy que deux à
trois mois après notre retour, et il boîte encore aujourd'hui
de la blessure que lui fit le caillou de Stettin.

eux. Les vêtements civils que nous portions provoquaient encore la pitié des prisonniers français, et nos ennemis voulaient qu'il n'y eût aucune commisération pour nous. Ils nous affublèrent donc de vieilles casaques, mises depuis longtemps au rebut et révoltantes de saleté. Ce qu'il y a de plus excentrique, — et c'est ici encore où l'on retrouve la tyrannie et la haine, — c'est que, pour endosser ces effets répugnants, ils nous firent mettre nus et laver à l'eau froide, en plein air, par un temps presque glacial. Ils s'emparèrent ensuite de nos vêtements français et les vendirent ; il va sans dire qu'ils gardèrent l'argent.

Déguisés de la sorte, nous n'étions plus reconnaissables, même à nos compatriotes ; ceux qui nous voyaient pour la première fois se disaient souvent entre eux, en nous montrant du doigt : « Voilà des forçats prussiens ! »

Cependant les malades augmentaient toujours dans la baraque des prisonniers civils ; l'administration prussienne se détermina enfin à nous changer de résidence. On nous emmena un soir dans l'une des casernes du *fort Preussen* ; mais ce ne fut pas pour longtemps : nous y passâmes la nuit, et, le lendemain, nous étions de retour au camp. Nos gardiens embarrassaient à la caserne, et l'autorité militaire avait décidé qu'il valait mieux exposer la vie de quelques paysans français que d'entraver le service des soldats. O charitable administration !

Les prisonniers de guerre étaient nombreux à Stettin dans cette ville et dans les villages environnants, il y en eut jusqu'à vingt mille. Bien qu'ils ne fussent pas conduits avec beaucoup de ménagements, ils étaient cependant mieux traités que nous ; ils n'avaient d'abord pas de gardiens et pouvaient se promener dans le camp ou dans le fort; ensuite ils ne travaillaient que cinq heures par jour, aux fortifications ou à des ouvrages de terrassements. Les civils n'étaient employés à des travaux de « second ordre », nous disait un officier, que « parce « qu'ils étaient considérés comme des brigands et des « voleurs, qui, sur les champs de bataille d'Orléans, « avaient tué des blessés prussiens et dépouillé des « morts. »

Il y avait encore d'autres prisonniers à Stettin : c'étaient des Polonais, soldats de la seconde classe, qui, disait-on, avaient mieux aimé se rendre esclaves du Prussien que de servir contre la France. Ils étaient, comme nous, conduits avec la baïonnette et asservis aux plus rudes travaux. On les rencontrait souvent, attelés huit ou dix à un chariot rempli de pierres ou courbés sous le poids de charges énormes; plus tard, on les voyait, toujours accompagnés de gardiens, enlever l'épaisse couche de glace qui couvrait les places publiques de Stettin ou les monceaux de neige qui encombraient les rues. Pauvres ilotes!...

Au 27 octobre, le canon nous annonça la capitulation de Metz. Je me rappelle encore dans quelles circonstances nous apprîmes cette fatale nouvelle. Nous étions près du fort, occupés à nos grossiers travaux; nos gardiens, un peu moins brutaux que ceux des jours précédents, nous surveillaient en chantant un couplet d'un hymne national :

> *Der Deutsche, bieder, fromm und stark,*
> *Beschüsst die heil'ge Landesmark...* (**1**)

(1) L'Allemand, loyal, doux et puissant, protège les bornes sacrées de la patrie...

couplet aussi mensonger que leurs dépêches et leurs rapports. Tout à coup le canon gronde, les drapeaux sont hissés sur les casernes des forts, l'aigle à deux têtes flotte sur tous les monuments publics de la ville... Les soldats prussiens croient que la guerre est terminée ; on ne les entend prononcer qu'un seul mot : *Metz hat capitulirt !* Pendant une heure, les détonations du canon se succèdent sur l'Oder, à intervalles égaux ; dans la ville, on est au comble de la joie...

Ainsi donc, c'était vrai ; Bazaine s'était rendu, l'armée du Rhin était prisonnière (1) ; — et sur cette même place publique de Stettin, la place *Victoria*, où les soldats de Lannes, en 1806, criaient : Vive l'empereur d'Occident ! et faisaient trembler les Stettinois, frappés de stupeur, sur cette place, dis-je, tonnait en ce moment le canon de gloire, annonçant aux Poméraniens que la vengeance d'Iéna s'accomplissait, et que Bazaine à Metz subissait le sort de Blücher à Lubeck !... Triste revirement des choses humaines : les vaincus d'autrefois étaient devenus à cette heure d'implacables vainqueurs, et déjà la France était couverte des ruines ensanglantées que leur haine avait amassées...

(1) Le prince Frédéric-Charles, dans la proclamation qu'il adressa à son armée, le 27 octobre, du quartier général de Corny, donne ainsi les chiffres de cette capitulation : « Aujourd'hui enfin, cette armée de près de 173,000 hommes, « la meilleure de la France, — plus de cinq grands corps « d'armée, dont la garde impériale, — a capitulé, avec « trois maréchaux de France, plus de 50 généraux et « 6,000 officiers, — et avec eux, Metz, que jamais avant

En l'honneur de cette capitulation sans doute, nous ne travaillâmes, le 27 octobre, qu'une demi-journée. Dans l'après-midi, je pus, à mon grand plaisir, me procurer du papier et de l'encre, et j'écrivis quelques lettres. Une de ces lettres était à l'adresse du commandant de place de Stettin. Je lui faisais connaître les principaux détails de notre arrestation, et je le priais avec instance d'ordonner qu'une enquête fût faite pour constater notre innocence et nous renvoyer dans nos foyers. « Il vous est facile,
« Monsieur le Général, lui disais-je, d'acquérir la preuve
« que nous ne faisons partie d'aucun corps de troupe, que
« nous avons sans nul doute été amenés à Stettin par
« méprise, et que la détention que nous subissons est des
« plus imméritées. Aussi, j'ai l'espoir que vous voudrez
« bien provoquer une enquête sur les causes de notre
« arrestation, sur la manière dont nous avons été conduits
« en Prusse, et que vous ne tarderez pas à nous rendre
« justice en obtenant du gouvernement prussien l'ordre
« de notre renvoi en France. » Je fis remettre cette lettre au commandant de la 27ᵉ compagnie ; quelques jours après, il m'appela au bureau de la forteresse et me dit que je ne pouvais correspondre directement avec le général, qu'il me fallait un intermédiaire. Je recommençai ma lettre, adressée alors à cet officier ; il en fit la traduction, l'apostilla, et se chargea de la déposer lui-même à la *commandantur*. Je dirai au chapitre suivant ce qu'il en advint.

Au commencement de novembre, nous retournâmes au *fort Preussen* ; cette fois, ce fut pour y rester : l'au-

« nous l'on n'avait pris. » (KARL WINTERFELD, *Geschichte des Krieges von 1870*, page 325.)

torité prussienne avait enfin reconnu que nous étions tout à fait inoffensifs, et qu'il était superflu de continuer à nous faire spécialement garder. Ce fut, au milieu de nos peines, un heureux jour que celui où nous recouvrâmes ce peu de liberté de pouvoir nous promener sur la place du fort. Mais, hélas ! il nous fallut attendre long-temps encore avant que la liberté ne fût plus pour nous un vain mot...

L'administration de Stettin, toujours prudente, avait jugé à propos de nous faire lire le *Code pénal militaire*, avant de nous enlever les gardiens.

Voici quelques articles de ce recueil draconien :

ART. 3. — Celui qui donne à entendre l'intention de ne pas obéir à un ordre de service, soit par des mots, soit par des gestes, ainsi que celui qui offense un supérieur par des mots, des gestes, des signes, ou lui fait des reproches par suite d'un ordre de service reçu, sera puni par des arrêts à la rigueur pendant un mois au moins, ou par la détention en forteresse jusqu'à vingt années.

ART. 5. — Dans le cas où il n'aurait pas d'autres moyens à sa disposition pour soutenir la subordination nécessaire, tout officier est autorisé à tuer à coups d'épée un ou plusieurs soldats s'opposant, par voies de fait, à ses ordres.

ART. 6. — Si quelqu'un se conduit mal et se plaint à haute voix en présence de troupes assemblées, dans l'intention de persuader ses camarades de refus d'obéissance aux supérieurs, ou de les forcer à faire quelque chose, il sera puni, même si sa plainte est juste, par la détention en forteresse pour six années au moins, et en temps de guerre, par la peine de mort.

ART. 7. — Si les soldats s'assemblent dans un lieu public et donnent à entendre qu'ils veulent s'opposer à leurs supérieurs avec des forces unies, ou à se venger d'eux, ils seront punis par la détention en forteresse pour dix années au moins, et en cas de rigueur, par la peine de mort. Les chefs, les meneurs et les auteurs de toute révolte militaire seront toujours punis de mort.

Le règlement concernant le traitement des prisonniers de guerre, lesquels tombaient d'abord directement sous l'application de tous les articles du code pénal, fut aussi porté à notre connaissance.

Voici quelques-unes des dispositions qui y étaient stipulées:

ART. 16. — L'alimentation nécessaire et l'habillement sont livrés aux prisonniers.

ART. 18. — L'alimentation nécessaire des sous-officiers, des troupiers et des employés, consiste en déjeuner, dîner et souper (1)...

ART. 20. — Pour changer de linge, une seconde chemise, s'il y a nécessité, sera donnée à chaque prisonnier d'état.

ART. 21. — Les soldats et sous-officiers en captivité sont exclus des rapports avec le public, autant qu'il est possible.

ART. 24. — La correspondance des prisonniers, sans exception, est soumise à l'inspection de la place, qui est dans la situation d'empêcher le départ des renseignements pouvant nuire au pays et à l'intérêt militaire.

(1) J'ai indiqué plus haut de quoi se composait chacun de ces repas.

Art. 26. — Les sous-officiers et les soldats de la garnison sont tenus de saluer les officiers français prisonniers, de même que ceux-ci sont tenus de saluer les officiers supérieurs prussiens, et de répondre aux honneurs des soldats prussiens. Les officiers français doivent se soumettre aux modifications prussiennes, etc., etc.

On verra plus tard que les infractions des prisonniers français aux articles du code ou à ce règlement étaient punies de la dernière rigueur.

CHAPITRE II.

Dans les premiers jours du mois de novembre arrivèrent à Stettin une partie des prisonniers de Metz ; la plupart de ces malheureux soldats inspiraient la plus grande pitié avec leurs vêtements souillés ou en lambeaux, leurs képis déchirés, leurs souliers sans semelles. Leur visage blême et décharné, témoignait des souffrances qu'ils avaient endurées. Tous ils étaient indignés de la conduite de leur commandant en chef ; ils ne demandaient qu'à combattre, disaient-ils, et le maréchal Bazaine, au lieu de profiter de cette fièvre du combat qui s'était emparée de toute son armée, l'avait laissée croupir dans un bourbier infect, diminuant de jour en jour ses rations, et la livrant enfin épuisée à l'ennemi. Ce qu'ils nous racontaient, ces braves soldats, des privations qu'ils avaient souffertes, est impossible à décrire. La viande de cheval, qu'ils avaient mangée sans sel pendant si longtemps, les avait presque tous rendus malades ;

les jours qui ont précédé la capitulation, ils pouvaient à peine se tenir debout, et, à ce moment, il était complètement impossible au maréchal Bazaine de tenter une sortie : il avait attendu trop tard. Le prix des denrées était exorbitant : le sel valait quatorze francs le kilogramme, le tabac de trente à quarante francs ; on ne pouvait à aucun prix se procurer du pain ; quelques rares chevaux, d'une extrême maigreur, broutaient en liberté l'écorce des arbustes, en attendant qu'ils tombassent à leur tour sous la dent des soldats. Aussi bien, le jour de la capitulation, comptait-on, d'après les rapports prussiens (1), 20,000 malades dans l'armée de Metz : ce chiffre n'a-t-il pas plus d'éloquence que le tableau le plus fidèlement peint des souffrances essuyées par cette brave armée ?

Revenons aux prisonniers civils. La lettre que j'avais adressée au général avait produit quelque effet dans les bureaux de la *Commandantur*. On voulut, pour la forme au moins, s'occuper de ma réclamation et y donner une suite simulée. Le 9 novembre, à l'heure même où grondait à Baccon et à Coulmiers le canon de l'armée de la Loire, je fus conduit à l'hôtel de la *Commandantur* avec un habitant de Bricy (2). Un officier supérieur nous interrogea longuement au moyen d'un interprète ; puis il fit relater, par un secrétaire, nos dépositions dans un procès-verbal que nous signâmes. Les jours suivants, les interrogatoires continuèrent pour les prisonniers

(1) Note du commandant de la 26e brigade d'infanterie, le baron von der Goltz (*Geschichte*) *des Krieges von 1870,* pag. 322)

(2) Lubin Ulysse.

d'Ormes et quelques-uns d'Orléans, qui avaient été arrêtés près des tranchées. Le dossier de tous les renseignements et des procès-verbaux devait-être envoyé à Berlin, au ministère de la guerre, où l'on statuerait, selon les résultats de l'enquête commencée, sur notre maintien à Stettin ou sur notre renvoi en France. On devait prendre des informations jusqu'à Orléans, auprès des généraux von der Tann et von Wittich.

J'ai su seulement au mois de janvier, par un capitaine prussien (1), qu'il n'en avait rien été, que tous ces documents n'avaient pas quitté la *Commandantur* de Stettin, et que l'administration prussienne, tout en paraissant faire droit à notre demande, avait le dessein bien arrêté de nous garder comme prisonniers de guerre. Cette réclamation pourtant ne fut pas inutile : par elle, nous fûmes délivrés des gardiens et nous ne fûmes plus employés aux travaux de « second ordre. »

Ces visites quotidiennes à la *Commandantur* me permirent de remarquer l'effet produit sur les Stettinois par les dépêches de Versailles. Grand fut l'émoi parmi la population prussienne, à la nouvelle de l'évacuation d'Orléans et de la défaite de von der Tann! Le 10 novembre, une foule de badauds consternés se pressaient aux coins des rues, pour lire la dépêche qui leur annonçait, en termes étudiés, cette fâcheuse nouvelle. Ce seul échec les avait découragés ; ils voyaient déjà leurs soldats vaincus, les Français menaçants à la frontière ; involontairement ils se souvenaient des désastres d'Iéna : et, tel fut l'effet du mécontentement général, que les victoires remportées

(1) M. Schultz.

jusqu'à ce jour, et attribuées à M. de Bismarck, ne purent lui faire pardonner cet insuccès d'un moment. De sourdes rumeurs et même des menaces publiques avaient lieu contre le chancelier fédéral : il y aurait eu certes danger pour lui de se hasarder, ces jours-là, dans les rues de Stettin.

Les prisonniers français, eux, bat'aient des mains, l'espoir renaissait en leurs cœurs, quelques-uns fredonnaient même déjà la *Marseillaise*. En revanche, ils avaient à supporter la mauvaise humeur de leurs gardiens, rendus moins endurants et plus brutaux par les événements qui venaient de s'accomplir (1). Hélas ! pourquoi la victoire

(1) Voici, traduits d'une histoire allemande déjà citée, et avec leur cachet germain, le résumé des événements qui ont suivi le 11 octobre, et le récit fantaisiste de la bataille de Coulmiers :

« Le général de La Motterouge perdit à Orléans et dans « les alentours, 10,000 hommes environ et 3 canons, puis « se retira au-delà de la Loire, jusqu'à la Ferté, à 4 milles « à peu près en arrière d'Orléans. Il lui fut donné le tort « de n'avoir pas, dans le combat décisif, suffisamment « concentré son armée, une brigade se tenant à Tours, « une autre à Bourges. Le commandement lui fut retiré « et transmis au général d'Aurelle de Paladines. La di- « vision de l'armée allemande n'avait pas la mission « d'aller en avant plus loin qu'Orléans vers le sud : ses troupes « de cavalerie étant détachées sur la rive droite de la Loire, « jusqu'à Beaugency, c'est-à-dire sur la route de Tours, « que le gouvernement provisoire parlait déjà d'abandon- « ner ; mais ni vers Bourges ni vers Tours les Allemands « n'avaient fixé leur but. Pendant que le général von der « Tann établissait son quartier à Orléans, la 22e division

de Coulmiers ne fut-elle pour nous qu'un rayon de lumière entre deux ombres ! Elle avait déridé le front des prisonniers, ramené un peu de gaieté au fond des cœurs ; le mois de novembre parut moins long, les travaux moins pénibles. Dans les chambrées, on commentait longuement, de la manière la plus hyperbolique, les nouvelles vraies

« allait au nord-ouest sur Châteaudun, qui fut pris d'assaut,
« et de là au nord vers Chartres ; puis de ce lieu,
« elle faisait une excursion encore plus éloignée vers le
« nord, sur Dreux, mais la plus grande partie s'était arrêtée,
« jusqu'au 9 novembre, dans les environs de Chartres. La
« division de cavalerie gardait les communications entre
« les différentes parties du corps debout. Sur ces entre-
« faites, l'armée française de la Loire se concentrait de
« nouveau, et retirait à elle des renforts très-considérables,
« qui portaient son effectif à plus de 60,000 hommes :
« assez pour 25,000 Bavarois dans Orléans et les environs,
« qui se trouvaient menacés en même temps sur le flanc
« droit et sur la ligne de retraite. Les Français venaient
« du côté de Blois, sur la rive droite de la Loire ; il deve-
« nait nécessaire de se retirer dans la direction du nord.
« Le général von der Tann alla au-devant de l'ennemi
« vers Beaugency, lui donnant ainsi l'occasion d'entrer en
« ligne de combat en dehors de la colonne de marche ;
« mais là, trouvant les Français bien concentrés et en
« forces supérieures, il se retira en combattant. Toutes
« les attaques des Français furent repoussées avec
« de grandes pertes de leur côté, et le départ des troupes
« allemandes ne commença qu'après la fin du combat.

« Parmi les détails de ce remarquable combat, — le pre-
« mier où les troupes allemandes durent se retirer, — nous
« rapporterons le suivant : Le général von der Tann avait
« été averti, dès les premiers jours de novembre, que l'enne-

ou fausses rapportées de la ville. La majeure partie des
soldats, tous à la joie, s'amusaient sur la place à différents jeux, aux quilles, aux barres, ou se promenaient
par groupes en discourant gaiement ; d'autres passaient

« mi avait occupé la section de Mer à Morée, et la forêt
« dite de Marchenoir, renforcé de gardes-mobiles et de
« francs-tireurs, et qu'une brigade d'avant-garde s'était
« avancée sur les deux rives de la Loire jusqu'à Mer. Les
« reconnaissances qui furent prises, ensuite de ces infor-
« mations, par la 2e division de cavalerie, ainsi que les
« nouvelles rapportées par les espions, jusqu'au 8 no-
« vembre, étaient d'accord sur ce point, que l'armée enne-
« mie de la Loire s'apprêtait à marcher en avant sur Coul-
« miers. C'est pourquoi le général von der Tann, après
« avoir laissé un régiment d'infanterie à Orléans, mar-
« chait, le 8 au soir, dans la direction de l'ouest, et con-
« centrait son corps dans la position de Coulmiers et
« Huisseau. Les divisions de cavalerie poussées en dehors
« de cette position, se heurtaient, du côté de Coulmiers,
« le 9 novembre, à sept heures du matin, sur l'ennemi,
« lequel, d'après l'indication des prisonniers, approchait
« de ce côté dans la direction de Vendôme et de Morée.
« C'était la tête de l'armée de la Loire, sous le général de
« Polhès ; on était déjà au fait depuis longtemps, par les
« nouvelles des journaux, que cette armée était par-
« tie du Mans avec des forces de 60,000 hommes.
« (Le Mans, 12 milles N-O. de Tours, 14 milles O. de
« Châteaudun.)
« L'ennemi attaqua, dans le courant de la matinée, la
« position du corps bavarois avec 6 bataillons d'infanterie
« à 6 compagnies, — toutes troupes de ligne, — suivi de fortes
« et nombreuses colonnes ; 7 régiments de cavalerie fran-
« çaise couvraient les ailes d'attaque, et 120 pièces fran-

le temps de la captivité à fabriquer, avec quelques morceaux de bois, des jouets, des dames, des échecs, des pantins ; l'un avait représenté assez adroitement Guillaume et Bismarck s'exerçant au pugilat ; puis, il avait adapté sa marionnette à l'extrémité d'un petit moulin placé à une fenêtre, et lorsque le vent soufflait, on pou-

« çaises furent mises peu à peu en activité contre la posi-
« tion bavaroise. Mais, en dépit de leur grande supériorité
« numérique, les troupes françaises ne purent avancer de-
« vant l'excellente tenue des bataillons bavarois. Quatre
« attaques, que l'ennemi entreprit contre l'aile droite,
« furent repoussées l'une après l'autre avec une grande
« fermeté, et sous les pertes considérables de l'infanterie
« française ; — si bien que cela permit au général von der
« Tann de maintenir entièrement ses positions jusqu'au
« soir. A la tombée de la nuit seulement, et après que
« toutes les colonnes d'attaque ennemies se furent retirées,
« le général von der Tann résolut de se rapprocher des
« renforts qui lui étaient amenés de Chartres et de Ver-
« sailles. La retraite fut exécutée sur Saint-Péravy dans
« une excellente tenue, et avec la fière conviction qu'on
« avait repoussé complètement l'attaque de l'ennemi,
« quoique en nombre très-inférieur, — mais que cependant la
« libre détermination du chef, pour ce mouvement rétro-
« grade, était nécessaire. L'ennemi ne suivit pas le 1er corps
« bavarois ; il occupa le soir Orléans, où malheureuse-
« ment il nous fallut laisser environ 1,000 malades non-
« transportables dans les hôpitaux.

« La perte du 1er corps bavarois, le 9, s'éleva à 42 offi-
« ciers et 650 hommes, tués et blessés. Une colonne de
« munitions, qui s'était égarée, tomba le 10 aux mains de
« l'ennemi, avec un officier et 80 hommes. D'après le rap-
« port des prisonniers français, la perte de l'ennemi, en

vait voir le chancelier et son roi se battant comme deux portefaix, — pour une question politique sans doute ! Un autre avait crayonné à la dérobée sur un mur une figure de prussien, casque en tête, cigare à la bouche, et avait écrit au-dessous cette parodie de la devise germanique : *Bazaine mit uns !* Non, l'esprit français ne meurt pas ; dans le malheur et sur la terre étrangère, la vieille gaieté gauloise ne s'éteignait point : elle existait, toujours railleuse, toujours caustique.

Les Prussiens voyaient d'un mauvais œil ces caricatures ou ces jouets ; ils ne pouvaient punir, n'en connaissant pas les auteurs, mais ils les faisaient disparaître au plus vite.

Toute cette joie des prisonniers fut de courte durée ; les événements de décembre allaient éteindre en eux la dernière lueur d'espérance...

« tués et en blessés, se monta à plus de 2,000 hommes. Il « fut avoué que non-seulement l'ennemi n'avait pas gagné « de terrain au centre, mais de plus qu'il avait subi une « défaite à l'aile gauche.

« A Toury, 4 milles 1/2 au nord d'Orléans, von der-« Tann se réunit avec la 22e division et la division de ca-« valerie du prince Albert, venant des environs de « Chartres ; il y trouva aussi un renfort de l'armée de « ceinture de Paris. Le corps du grand-duc de Mecklem-« bourg, le 13e corps d'armée, se composa de la 17e divi-« sion prussienne et de la division wurtembergeoise. Le « grand-duc de Mecklembourg-Schwerin prit le comman-« dement de cette nouvelle armée, ainsi formée. »

KARL WINTERFELD, *Vollständige Geschichte des deutsch-französischen Krieges von 1870*, pag. 371 et suivantes :

Et c'est ainsi qu'en Allemagne, on écrit l'histoire !!...

Quelques captifs, des plus favorisés, lisaient et relisaient mille fois, en cachette, plusieurs journaux français, apportés au fort de temps à autre par des vaguemestres obligeants. Ces journaux venaient de Belgique ou de Suisse, et étaient adressés aux officiers français internés à Stettin. Celui qui paraissait le plus fréquemment était le *Drapeau*, journal impérialiste de M. Granier de Cassagnac ; il commençait, dès cette époque, une campagne bonapartiste auprès de ceux-mêmes qui souffraient le plus de l'incurie du gouvernement impérial. O ironie !... Traduisant du *Times* les passages les plus hostiles à la France, le *Drapeau* se plaisait, d'après le journal anglais, à montrer aux prisonniers, sur un champ de bataille de la République, des centaines de leurs compatriotes étendus à côté de quelques Prussiens, et des malheureux gardes-mobiles, privés de tous secours, mourant dans la neige de froid et de faim, tandis que l'ennemi se prélassait dans nos demeures et se gorgeait de nos richesses. Ce journal servait si bien les intérêts prussiens qu'à la fin l'administration le tolérait seul à Stettin. Après lui venaient *l'Indépendance belge*, le *Journal de Genève*, et plus rarement le *Gaulois*, édition belge qui se publiait à Bruxelles. Ceux-ci, s'ils ne pouvaient annoncer aux prisonniers d'heureuses nouvelles, ne froissaient pas au moins leur patriotisme.

Au milieu des peines de l'exil, la France n'était point oubliée ; le souvenir de la patrie absente primait dans tous les cœurs. En voici un exemple : dans la même caserne que les prisonniers civils couchaient un certain nombre de mobiles du Gard, qui avaient été pris à Amiens, sans avoir jamais paru sur un champ de bataille. Chaque soir, après les longues conversations en patois provençal, et avant de

s'étendre sur leurs lits de paille, ces pieux soldats se réu-
nissaient, et l'un d'eux faisait à haute voix la lecture
d'une prière pour la France, recommandée aux fidèles par
l'évêque d'Amiens. « O Dieu tout-puissant et éternel ! »
y était-il dit, « la France, notre mère-patrie, la fille aînée
« de votre sainte Eglise, est envahie par un ennemi auda-
« cieux, qui prétend l'écraser sous son joug de fer. O
« Dieu des batailles, qui terrassez par votre puissance
« les ennemis de ceux qui espèrent en vous, ne le per-
« mettez pas. La France vous aime, ne l'abandonnez pas !
« elle a pu vous offenser, elle se repentira... Souvenez-
« vous, ô Dieu de bonté, que c'est par la victoire dans
« les plaines de Tolbiac que vous avez fixé votre foi, et
« bénissez encore son drapeau baptisé sur le champ de
« bataille ! Accordez au courage de ses enfants la force
« de vaincre ses ennemis... Et vous, sainte Clotilde,
« sainte Geneviève, saint Louis, saint Vincent de Paul !
« Vous tous, grands saints et saintes de la France, qui
« peuplez le paradis, unissez vos prières à nos supplica-
« tions, et assurez ainsi le salut de notre bien-aimée
« patrie ! »

Touchant exemple qui prouve bien que dans l'adversité
comme dans le bonheur, au sein du village comme sous
un climat sibérien, la France reste pour ses enfants la
mère la plus chère et le pays le plus aimé ! Certes, les
mobiles du Gard, — et je le dis sans crainte de froisser leur
honneur, — n'étaient pas de nos meilleurs soldats ; à peine
exercés au maniement des armes, ils avaient été amenés
sur le théâtre de la guerre, et faits prisonniers sans avoir
tiré un coup de feu ; mais s'ils ne valaient pas pour le
combat nos soldats aguerris, le sang-froid et la valeur

étaient au moins remplacés chez eux par l'ardeur de leur patriotisme...

Une dame venait souvent le soir, avec son mari, visiter les prisonniers du *fort Preussen* ; elle apportait toujours avec elle du tabac, des cigares, qu'elle nous distribuait. Cette sollicitude pour des soldats français nous avait long-temps intrigués ; la population prussienne s'était montrée jusqu'alors tellement impitoyable envers les prisonniers, que nous ne pouvions croire, de la part des Stettinoises, à une seule exception en notre faveur. J'eus un jour le mot de l'énigme par un sergent-major du 36e de ligne (1). Ce sous-officier conduisait dans un lazareth des environs de Stettin un soldat malade, lorsqu'il fit la rencontre de cette dame accompagnée d'une petite fille d'une dizaine d'années.. « Tiens, mère, dit l'enfant dans le plus pur « français, vois donc ce pauvre soldat, comme il paraît « souffrant!...»—« En effet, reprit la dame dans la même « langue ; êtes-vous donc bien malade ? ajouta-t-elle en « s'adressant au prisonnier. » —« Hélas ! Madame, répon- « dit celui-ci d'une voix affaiblie, je crains bien de ne « revoir jamais ma patrie, ma famille, mes amis. Je sens « que je vais mourir sur cette terre étrangère, loin de « tout ce qui m'est cher... » « Pauvre enfant ! dit la mère, « combien je vous plains ! ayez du courage cependant... » Puis, cherchant vivement dans un porte-monnaie à fer-moir argenté, elle en retira trois thalers qu'elle donna au sous-officier en disant : «Soyez assez bon, Monsieur, de « remettre cet argent au garde-malade qui veillera ce sol- « dat, afin qu'il en ait particulièrement soin. » Et comme le sergent-major la remerciait chaleureusement

(1) M. Durieu.

pour le malade : « Ne me remerciez pas, Monsieur, l'in-
« terrompit-elle, votre patrie est ma patrie : je suis Fran-
« çaise ! » — « Mais oui, ajouta l'enfant, nous sommes Fran-
« çaises, et chaque soir avec ma mère nous prions pour
« la France ! »

On ne saurait dire quelle douce consolation ce fut pour
les prisonniers du *fort Preussen*, de retrouver dans une
compatriote depuis longtemps naturalisée prussienne, les
mêmes sentiments qui les animaient tous : les vœux pour
la France, l'espoir dans l'issue de la lutte, et par-dessus
tout l'amour sacré de la patrie...

La position des prisonniers civils avait été sensiblement
améliorée. Ils allaient moins souvent au travail et n'y restaient que cinq heures ; les plus âgés ne quittaient plus
même la caserne. Cependant l'excès des fatigues et des
mauvais traitements produisait ses funestes effets : la
mort éclaircissait les rangs des captifs. A la fin de novembre, onze vieillards avaient déjà succombé; sept ou huit
malades gémissaient dans les hôpitaux.

L'hiver augmentait l'inquiétude de ceux qui, jusqu'à
ce jour, avaient supporté avec assez de vigueur cette
suite de fatigues inouïes. Comment feraient-ils pour résister au froid avec les vêtements sales et répugnants
qu'ils portaient ? Jusqu'ici une température exception-
nelle avait régné à Stettin ; mais la rude saison approchait,
amenant avec elle les neiges et les glaces sibériennes...
Ici encore la charité française se montra. Nos officiers
s'étaient émus à la vue de ces vieillards affublés de casaques prussiennes, qu'ils rencontraient souvent à la ville
ou au camp. Un comité de secours s'était formé, à la tête
duquel étaient MM. Rajat, de Lille, et Jamet, de Metz. Des

souscriptions avaient été organisées par leurs soins auprès de tous les officiers français; avec l'argent de ces souscriptions, ils achetèrent une grande quantité d'effets de première nécessité, tels que chaussettes, tricots, gilets de flanelle, chemises, caleçons, cache-nez, qu'ils livrèrent aux prisonniers civils à la fin de novembre, par l'entremise d'un chapelier français établi à Stettin, M. Messin (1). Qu'ils soient bénis, ces généreux bienfaiteurs ! Par eux, plus d'un père de famille a pu revoir son village et embrasser ses enfants ! Qu'ils soient bénis !.. Quelques jours après cette patriotique offrande, j'adressai à MM. Rajat et Jamet, toujours par l'intermédiaire de M. Messin, la lettre suivante, que je reproduis ici comme remerciement public :

« Messieurs, au nom des prisonniers civils, laissez-moi
« vous offrir les plus sincères remerciements.

« Enlevés de leurs foyers, quoique innocents, et trans-
« portés sans aucun motif sur la terre étrangère, de
« pauvres vieillards ont trouvé en vous, Messieurs, des
« bienfaiteurs qu'ils n'oublieront jamais et dont ils béni-
« ront sans cesse le nom.

« L'administration prussienne, nous l'espérons, recon-
« naîtra enfin notre innocence. Peut-être alors nous sera-
« t-il donné de revoir notre belle France, flétrie aujour-
« jourd'hui, mais chère plus que jamais à tous nos
« cœurs. Malheureusement, tous n'auront pas ce bonheur;
« un trop grand nombre n'ont pu résister aux fatigues de
« ce long et pénible voyage : ils ont succombé sur la terre
« d'exil.

(1) F. Messin, Reifschläger-Strasse, n° 14, Stettin.

« Nous vous demandons, Messieurs, de compléter votre
« œuvre bienfaitrice en gardant le souvenir de ceux que
« vous avez secourus. De retour en France, pensez quel-
« quefois, qu'au fond de la Beauce orléanaise, plus d'un
« père de famille vous bénit, et raconte à ses enfants com-
« ment vous avez adouci les rigueurs de son inconce-
« vable captivité. »

Une autre personne s'intéressait au sort des captifs civils
à Stettin : c'était le révérend père Weick, aumônier suisse,
que j'ai déjà nommé. J'obtins un jour la permission de
l'aller voir, à l'*hôtel de Prusse*, où il restait ; il nous plaignit amèrement, il s'éleva avec force contre la cruauté des
soldats prussiens : mais, hélas ! il ne pouvait rien lui-même
Il nous fit espérer néanmoins un prochain retour en
France, et promit d'employer en notre faveur son faible
pouvoir. Il le fit. Quelque temps après, je retournai à son
hôtel ; il avait écrit à la reine Augusta et avait fait remettre sa lettre par un prince allemand de sa connaissance. Mais sa très-gracieuse Majesté avait tant de fleurs
à faire et tant de guirlandes à tresser pour orner son
palais, en l'honneur des victoires de son époux, qu'elle ne
trouva point le temps de s'occuper de nous. La lettre du
père Weick resta sans réponse. C'était dit : il fallait que
nous subissions jusqu'à la paix cette odieuse détention.
Aussi bien, le gouvernement prussien, en nous renvoyant
en France, aurait tacitement reconnu le tort des officiers
qui nous avaient enlevés, et la violation qu'ils avaient faite
des lois de la guerre : c'est ce qu'il ne voulait pas.

Le révérend père Weick fut bon pour nous, et je ne
saurais trop le remercier ici ; lui aussi nous donna quelques effets et des livres, qui nous procurèrent un peu de

distraction au milieu de nos longs ennuis. Ce brave aumônier quitta Stettin au commencement de janvier pour
se rendre à Fribourg ; on rapporta au *fort Preussen* qu'une
de ses correspondances, dans laquelle il dévoilait la position des prisonniers français, avait été saisie à la poste
prussienne, et avait été le motif de son départ précipité.
Après ce départ, je fus chargé de le remplacer dans le service des enterrements ; plusieurs civils, et plus d'un soldat,
n'ont eu pour sépulture, à Stettin, que les quelques prières
récitées par moi sur leur tombe, devant une vingtaine de
leurs compagnons et un peloton de fantassins prussiens. A
quelques-uns de nos soldats décédés, j'ai vu rendre sur la
tombe les honneurs militaires : tenons compte, en passant,
de cet acte de justice à nos ennemis.

Plusieurs fois déjà, j'ai montré ce qu'était la population
prussienne à l'égard des prisonniers, et surtout des civils.
Pendant toute notre captivité, nous ne rencontrâmes qu'une
seule personne, — encore était-ce un jeune officier, —
qui nous déclara que, pour elle, nous étions parfaitement
innocents, et les victimes d'un fait odieux accompli à la
honte de son gouvernement. Quelques autres nous plaignirent. Un jour, un grand monsieur, à la longue redingote, aux bottes hautes, vint au fort ; il se fit raconter
d'une manière très-détaillée notre arrestation, parut
croire à nos paroles, et promit de revenir en apportant
des cigares. Mais avant de nous quitter, il voulut parler
quelque peu de la guerre, vanter la bravoure des soldats
prussiens, étaler leurs succès ; et comme nous ripostions
en blâmant énergiquement les procédés prussiens dans
l'art de la guerre : « Nos soldats sont de bons enfants,
« s'écria-t-il avec colère ; ils n'ont rien de ce qui carac-
« térise le soldat français : le pillage et la férocité !... »

Paroles candides que nous ne cherchâmes pas à réfuter. Nous perdîmes en jetant le blâme à la face des soldats de Guillaume : nous ne revîmes ni le monsieur ni les cigares.

Le mois de novembre s'était écoulé doux et serein. Le 30, au matin, le soleil brillait encore comme aux plus beaux jours de l'automne ; à midi, le ciel s'était obscurci, et le soir, il neigeait à gros flocons. Depuis ce jour jusqu'à la fin de février, la neige ne cessa de tomber, et de recouvrir d'une épaisse nappe blanche toute la surface de la terre, gelée en certains endroits à près de deux mètres de profondeur.

CHAPITRE III.

Qu'on me permette, au commencement de ce chapitre,
de relater les quelques observations que j'ai pu faire sur
les mœurs prussiennes.

Le Poméranien est excessivement prompt à s'irriter ; il
a le caractère toujours porté à la dureté, même à la férocité ; en maintes occasions, j'ai pu remarquer que la sen-
sibilité n'avait aucune prise sur lui. J'ai vu un soldat
traverser un Français de sa baïonnette, avec autant
de sang-froid qu'il l'eût fait de l'animal le plus inof-
fensif. Il est de plus ivrogne ; l'ouvrier ne part jamais
au travail sans la bouteille de *schnapps*, mauvaise eau de-
vie extraite de la pomme-de-terre, et qui produit sur l'or-
ganisme humain les effets les plus funestes. Ce liquide est,
du reste, la seule boisson absorbée par la classe ouvrière ;
la classe bourgeoise fait usage de la bière ; le vin est d'une
cherté excessive, et n'est employé, comme boisson ordinaire, que dans quelques familles privilégiées de la no-

blesse et de la fortune. L'ouvrier et le bourgeois sont sales ; la redingote ou le paletot qu'ils portent tous, sont malpropres au dernier degré, et souvent en lambeaux. Ces vêtements ne valent pas, à beaucoup près, la blouse bleue de l'habitant de nos campagnes ; ils font ressembler ceux qui les portent plutôt à des mendiants qu'à d'honnêtes travailleurs. Et d'ailleurs, le paupérisme m'a paru être étendu sur une très-vaste échelle. Cela provient sans doute du climat : la Poméranie est un pays humide, froid, d'un sol médiocrement fertile ; le seigle est la seule des céréales qui réussisse convenablement sur ces terres du Nord. La pomme-de-terre y est cultivée sur une très-grande étendue ; elle forme la base de l'alimentation dans les campagnes, et même dans les villes pour les classes inférieures. Le pain ne ressemble en rien à celui de France ; il est saupoudré de sel et parsemé d'anis, parfois même on y ajoute du sucre.

La mendicité, qui est une des conséquences de l'indigence, est exercée par de nombreuses personnes. Il ne se passait pas de jour sans que des mendiants vinssent, dans les chambrées, solliciter la charité des prisonniers français. De quels remerciements ces pauvres gens accablaient-ils le soldat qui leur avait donné quelques pommes-de-terre ou un morceau de son pain noir ! Des femmes, coquettement sales, ne dédaignaient pas de boire dans la gamelle d'un prisonnier, sous un escalier ou derrière une porte, le mélange de farine et d'eau qu'il recevait pour son déjeuner. Les jours de distribution, une multitude d'enfants se pressaient dans les casernes, marchandant, pour quelques *silbergroschen*, cet aliment noir et aigre qui nous était donné sous le nom de pain. Ce pain était recherché même par la population de la ville. Il avait été sensiblement amélioré, à la suite d'une demande faite collectivement à la *Commandantur*, par des sous-officiers et des soldats prisonniers ; aussi, les ouvriers stettinois le préféraient-ils de beaucoup à celui des soldats prussiens. Je me promenais un jour dans les rues de Stettin, accompagné d'un soldat de la landwehr. Un homme, assez bien vêtu, mais mis sans doute aux abois par la faim, arrête brusquement mon conducteur : « Quand se fait « la distribution du pain, à votre compagnie ? » lui demande-t-il en allemand. — « Demain ! » répond le soldat. — « Merci ! » ajoute le Stettinois d'un ton joyeux. Qui sait si cet homme affamé n'était pas un père de famille, qui attendait impatiemment cette chétive distribution pour donner à manger à ses enfants !

On dit les femmes d'une légèreté sans exemple. Et en effet, combien avons-nous vu de malheureux soldats subir les arrêts, pour avoir écouté quelques instants les propos frivoles des Prussiennes qui s'introduisaient dans le fort ! Les Allemandes, on le sait, sont généralement coquettes ; les Poméraniennes sont d'une coquetterie sale. Les femmes de la campagne s'habillent de la façon la plus grotesque ; elles aiment les couleurs éclatantes, et se recouvrent la tête ou le cou de fichus rouges ou bleus ; elles portent avec cela de courtes jupes, et sont chaussées de longues bottes, qui leur permettent de braver l'humidité et la neige. Elles ne craignent point de travailler à la terre ; souvent, nous les voyions réunies quatre ou cinq, une bêche à la main, remuant nonchalamment le sol de leurs champs, ou creusant les silos pour en extraire les pommes-de-terre.

Toute la population de ces climats est très-peu sensible au froid ; nous voyions les plus petits enfants, par une température glaciale, se rendre aux écoles nu-tête et les pieds chaussés de sandales.

Après ce court aperçu des usages prussiens, reprenons l'histoire de notre captivité.

Le mois de décembre, tout opposé à celui de novembre, s'écoula long et froid. Dès les premiers jours, nous apprîmes, par les dépêches, la marche du prince Frédéric-Charles sur Orléans. Avec quelle anxiété nous attendîmes le résultat du nouveau choc des armées belligérantes! Mais cette perplexité fut de courte durée. Le 4, on affichait la dépêche suivante : « Versailles, 4 décembre. — A la reine Augusta, à Berlin. — Hier, le prince Frédéric-Charles, « avec le 3ᵉ et le 9ᵉ corps, a rejeté l'ennemi dans la forêt « d'Orléans, près de Chevilly et Chilleurs, et lui a pris « deux canons. Guillaume. » — Puis le 6, une nouvelle dépêche nous apprenait qu'Orléans, la ville de Jeanne d'Arc, était retombée sous le joug du Germain. Le drapeau flotta encore sur tous les forts, et l'aigle à deux têtes nous montra de nouveau ses griffes redoutables. A partir de ce jour, nos ennuis redoublèrent, et tous nos vœux furent pour une prochaine paix...

Les nouvelles prussiennes étaient très-sobres sur les événements de Paris, qui s'accomplissaient presque simultanément avec ceux d'Orléans. Nous en connaissions néanmoins quelque chose par des lettres de prisonniers. Ainsi, un sous-officier interné à Stuttgard, écrivait à un de ses amis à Stettin : « L'armée wurtembergeoise a, dit-on, « énormément souffert aux dernières sorties de Paris. La « ville de Stuttgard tout entière est en deuil, le drapeau

« noir flotte partout, et les rues sont tendues de sombres
« draperies. » Était-ce vrai? Dans tous les cas, on sait
à quoi elles devaient aboutir, ces fameuses sorties : à la
capitulation pure et simple de Paris.

Quelques lettres de France, datées d'Orléans ou des
environs, et qui me parvinrent sans être décachetées par
la bonne volonté d'un sergent-major prussien, m'apprirent
encore, vers la fin de ce mois, d'une manière plus posi-
tive, les événements accomplis dans le Loiret.

Un numéro déjà ancien de la *Correspondance de Berlin*, tombé par hasard entre nos mains, nous fit connaître
aussi la défense et l'incendie de Châteaudun, que nous
avions ignorés jusque-là. Le journal officieux de M. de
Bismarck racontait d'un ton fort naturel, et comme la chose
la plus simple du monde, cette destruction presque entière
d'une ville. « Un officier polonais, » disait cette feuille, —
je cite de mémoire, — « était chef de la révolte. Il par-
« lait parfaitement l'allemand et appelait en cette langue,
« par les fenêtres ou les portes, les soldats prussiens, qui,
« croyant à l'appel d'un de leurs officiers, se transportaient
« aussitôt vers ces ouvertures, où ils étaient reçus par un
« feu meurtrier... Et l'on s'étonne, en France, de la rage
« qui s'est emparée de nos soldats et de l'incendie qu'ils
« ont allumé?... » Ainsi, non-seulement le journaliste allemand trouvait que c'était justice de réduire en cendres
une ville héroïque, qui s'était défendue jusqu'à la dernière
extrémité contre des forces infiniment supérieures ; il
s'étonnait encore des récriminations des feuilles françaises, qui flétrissaient hautement ce vandalisme renouvelé
de Genséric et de ses hordes, les ancêtres des soldats actuels de la Prusse.

Pour les prisonniers civils, plus les jours s'écoulaient et plus leurs regards se tournaient languissants vers la France ; les yeux fixés à l'ouest, ils attendaient de plus en plus anxieusement l'heure de la délivrance. Le découragement s'emparait parfois de quelques-uns ; tristes déjà, ils devenaient mornes, abattus, leur pain noir restait intact près de leur lit de paille, et après plusieurs jours ils entraient au lazareth, où ils ne tardaient pas à mourir de nostalgie (1). Une amélioration assez notable s'était faite pourtant dans leur position. Ils avaient été jusque-là logés sous le toit d'une caserne, où les rafales d'un vent furieux, soufflant du nord, amoncelaient chaque nuit les flocons d'une neige abondante. On venait de les transférer dans une autre caserne, construite en briques et recouverte de papier goudronné (2). Ils eurent l'heureuse chance cette fois de n'être point casés sous le toit ; de plus, toutes les chambres de cette caserne étaient garnies de poêles. Il est vrai de dire que la quantité de charbon qui nous était distribuée, suffisait à peine à échauffer les salles pendant quelques heures, et que le froid sévissait tout le jour. Mais peu importait à nos ennemis ; en agissant ainsi, ils semblaient adoucir considérablement notre captivité, et cela permettait à M. de Bismarck de faire imprimer dans les colonnes de la *Correspondance de Berlin*, que les prisonniers de guerre français étaient traités de la façon la plus humanitaire ; qu'ils étaient parfaitement logés ; qu'ils recevaient une nourriture saine,

(1) Ainsi moururent les deux frères Lefèvre, Desniau, Faucheux, de Bricy, tous dans la fleur de l'âge.

(2) Il existait à Stettin un grand nombre de baraques semblables, toutes construites par les prisonniers français.

confortable, qu'on leur donnait même chaque jour deux rations de saucisson, et que le combustible ne leur était point ménagé. Remercions-les néanmoins du soulagement qu'ils nous procurèrent en nous changeant de caserne ; mais, hélas ! que cet adoucissement venait tard !...

Depuis quelque temps, — je l'ai dit déjà, — les prisonniers civils ne travaillaient plus, ou du moins travaillaient peu ; mais ils étaient, comme tous les autres prisonniers, astreints aux revues que les chefs prussiens passaient plusieurs fois la semaine. C'était là encore une rude corvée pour les vieillards de Bricy et d'Ormes. Que de fois les ai-je vus trembler, pendant plusieurs heures et par un froid de 25 degrés, sur la place du *fort Preussen !*

Vers le 20 décembre, le général Vogel von Falkenstein nous passa précisément une grande revue. Huit ou dix mille hommes étaient réunis sur la place du fort. Spectacle douloureux à voir que celui de ces nouvelles Fourches Caudines, où dix mille jeunes gens, livrés pour la plupart à l'ennemi par l'ineptie de leurs chefs, courbaient la tête devant l'insolent vainqueur ! Arrivé près des prisonniers civils, le vieux général arrêta un instant son regard sur ce groupe disparate ; puis, sans dire un mot, il secoua sa barbe blanche, fronça le sourcil, et s'éloigna. On ne saurait dire si c'étaient des gestes de pitié ou de mépris. Un officier d'état-major nous lança un trait ironique : « Eh, comment ! dit-il, en frappant sur l'épaule d'un vieillard, « vous aussi n'avez pu rester dans votre maison ? » Le brave homme ne répondit pas : il grelottait de tous ses membres. Le général Vogel von Falkenstein passa rapidement sur le front de toutes les compagnies ; puis, jetant un dernier regard sur les rangs pressés de ces jeunes Français aux figures pâlies, mais au cœur rempli de

haine, il remonta en voiture et partit : l'orgueil prussien
était satisfait.

Ma position personnelle au fort avait été insupportable
le premier mois. Les farouches Poméraniens trouvaient
un extrême plaisir à employer aux plus grossiers travaux
un instituteur français. Aussi, dès le premier jour, m'a-
vaient-ils mis en main la plus pesante de leurs masses
pour casser des cailloux. Et ils ne me permettaient point,
ces bons Prussiens, de me servir d'un autre outil. Un
meunier de Bricy (1), me voyant un jour épuisé sous le
poids de cette lourde massue, me l'avait retirée des mains
et m'avait donné la sienne; par malheur, un des gardiens
vit cet échange, et il vint aussitôt faire reprendre à chacun de nous l'outil qui lui avait été remis. Le meunier et
moi, nous en fûmes quittes pour un coup de crosse de
fusil, appliqué avec la vigueur brutale qui caractérise le
Poméranien. Un seul coup, c'était généreux... O les ai-
mables ennemis ! Peu à peu cependant, la situation pour
moi s'était améliorée. J'avais été tout d'abord dispensé des
travaux à la terre ; ensuite j'avais été appelé au bureau de
la 27e compagnie, pour y être employé à diverses écritures,
avec quelques sous-officiers français. Un sergent-major
prussien était chef de ce bureau. Notre travail consistait à
dresser, par ordre alphabétique, des listes générales
(*nationale*) de tous les hommes de la compagnie, puis des
listes particulières pour chaque chef d'escouade (*corpo-
ralschaft*), des bulletins d'hôpital (*lazarethschein*), des
rapports quotidiens sur l'effectif de la compagnie, les
malades, les travailleurs (*rapportzettel*), etc. Le seul avantage que nous retirions de ces travaux au bureau, était de

(1) Houzé Alexandre.

ne pas souffrir du froid pendant le jour, et c'était bien quelque chose. Là aussi, nous apprenions les nouvelles de la guerre, par les dépêches et les journaux prussiens, et par quelques feuilles françaises. Ainsi, nous connaissions les combats sur la Loire, à Beaugency et dans les environs; nous savions, d'après les dépêches officielles elles-mêmes, que les pertes prussiennes étaient « considérables, » mais que « celles de l'ennemi étaient beaucoup plus « grandes. » Quel heureux jour pour nous, que celui où une nouvelle moins attristante que les autres faisait briller à nos yeux un rayon d'espoir! Ah! ceux-là seuls qui ont été prisonniers en Prusse, peuvent comprendre la joie qu'on éprouve en sachant la patrie moins malheureuse!... Mon emploi au bureau me valut une faveur qui me procura un sensible plaisir. J'avais été jusque-là habillé avec les effets rebutants qu'on nous avait forcés de revêtir. Le sergent-major de la compagnie, sur mes demandes réitérées, me fit donner des vêtements français. Une grande quantité de vareuses, manteaux, pantalons, képis, avaient été trouvés par les Prussiens dans les magasins de Strasbourg, au moment de la capitulation, et avaient pris le chemin de l'Allemagne. Ce fut avec une de ces vareuses, un de ces pantalons et un de ces képis, qu'on m'habilla. J'en fus heureux, je l'avoue. Je ne ressemblais plus au moins à un « forçat prussien. »

Chacun, en France, a pu apprécier pendant l'invasion le caractère du Prussien. On l'a vu dur jusqu'à la barbarie, cruel jusqu'à la férocité; on l'a vu sans pitié pour les vieillards, les femmes, les enfants. N'avaient-ils pas, ces Huns nouveaux, arrêté en même temps que nous, à Bricy, un enfant de dix ans, qu'ils retinrent prisonnier pendant trois heures? N'avaient-ils pas emmené de Strasbourg des enfants de troupe de quinze à seize ans, dont je vis quelques-uns, à Stettin, subir la rigoureuse captivité des autres soldats? Les Prussiens, en un mot, vinrent étaler dans notre pays tous les mauvais sentiments qui déparent le cœur, qui dégradent l'homme, qui abaissent une nation; mais ils furent par-dessus tout orgueilleux. Était-ce le résultat des succès que l'impéritie de nos généraux leur avait valus? Il est à croire que ces succès contribuaient puissamment à les rendre hautains, dédaigneux, envers les personnes qui leur étaient de beaucoup supérieures; mais de tout temps, les Prussiens ont été enclins à un sentiment d'orgueil très-prononcé. En 1806, avant Iéna, ne méprisaient-ils pas les Autrichiens et les Russes, qui s'étaient fait battre par Napoléon, et n'attribuaient-ils pas les victoires des armes françaises à l'incapacité des généraux vaincus? Ne se proclamaient-ils pas déjà, eux, les élèves de Frédéric II, du grand capitaine, les vengeurs de l'Allemagne? Leur orgueil alors s'était changé en frénésie...

Et ici, pour être juste, il est vrai de dire qu'en 1870, au commencement de la guerre, un sentiment presque analogue animait l'armée française : il semblait que d'un seul jet de son souffle puissant, elle dût renverser les légions prussiennes... Hélas! ils ne se souvenaient plus, nos braves soldats, qu'amollie par les délices de Capoue, l'armée d'Annibal ne fut plus capable de résister aux Romains, et qu'eux, abrutis sous vingt années de régime impérial, ne devaient plus pouvoir résister aux Germains!...

Qu'on nous pardonne cette parenthèse !

Envers les prisonniers de guerre, l'orgueil prussien se traduisait de toutes les manières : chefs et soldats ne savaient quels moyens employer pour nous narguer, nous humilier, nous mépriser. Voici quelques faits qui prouveront du mépris que, dans les plus petites choses, le vainqueur témoignait pour le vaincu.

Un civil (1) reçoit un jour une lettre de Charleville, et, comme toute la correspondance des prisonniers était soumise, à son départ et à son arrivée, à l'inspection du commandant de chaque compagnie, cette lettre avait été décachetée. Mais le capitaine de la 27ᵉ compagnie (2) ne s'était pas contenté de la lire, il l'avait annotée. « Les nouvelles « du centre de la France qui circulent dans la ville sont « bonnes, » disait la lettre. Ici, le chef prussien avait inscrit trois points d'interrogation (? ? ?). — Plus loin : « La justice viendra, nous l'espérons : Dieu récompensera « les bons et punira les méchants. » — « *Ça se fera!* » avait ajouté le Germain. Le fait, certes, n'est pas grave ; mais il est de mauvais goût, et il s'en faut de beaucoup qu'il soit à l'honneur du capitaine prussien.

C'était ce même officier qui, à mon départ de Stettin, me lançait ces ironiques paroles : « De retour en France, « apprenez la langue allemande à vos petits enfants ; « vous en avez besoin, vous autres, Français! »

Un autre chef (3) avait conçu un projet plus vaste : il voulait humilier la nation française tout entière. Sur 250 hommes environ, qui composaient la 27ᵉ compagnie, 88 ne savaient ni lire ni écrire. Le commandant prussien entreprit de créer un cours d'adultes, pour instruire ces 88 illettrés ; il m'avait choisi, avec un sergent-major et deux

(1) Bruand Frédéric, d'Ormes.
(2) M. Schultz.
(3) Il s'appelait, je crois, M. Kraft.

fourriers, pour diriger ce cours. Et qu'on croie bien que cet officier n'agissait point ainsi dans l'intérêt des soldats illettrés ! Son but eût été louable alors. Non, c'était pour avoir le plaisir de faire imprimer dans tous les journaux, et de jeter à la France ces humiliantes paroles : « Un « tiers des soldats que nous vous avons pris ne savaient ni « lire ni écrire : nous vous les renvoyons avec une cer- « taine dose d'instruction. Ils n'oublieront pas que c'est en « Prusse, qu'ils ont acquis les notions élémentaires que « vous avez refusé de leur donner. Leur captivité au « moins leur aura valu cela. » Et il ajoutait, cet orgueil- leux ennemi, avec un dédain superbe : « Eh ! Messieurs, « tout le monde ici sait lire et écrire ! » Ce projet, heu- reusement, ne reçut point d'exécution ; l'officier qui l'avait conçu quitta la compagnie presque aussitôt, et son suc- cesseur n'adopta point les mêmes idées.

Un de ces Poméraniens (1) m'écrivait après mon retour en France : « N'oubliez point que c'est votre gouverne- « ment qui nous a déclaré la guerre, et d'une manière « qui, certes, méritait de le châtier bien plus durement « encore ; n'oubliez pas non plus que notre armée est tel- « lement supérieure à la vôtre, que vous vous garderez « bien, je crois, de nous chercher querelle une seconde « fois. Du reste, l'éducation stratégique manque à vos « officiers, et au peuple tout entier il lui manque le ca- « ractère et l'intelligence. » Et dans une autre lettre : « Nous attendions chaque année, depuis 1859, la déclara- « tion de guerre du côté de la France ; aussi, depuis ce temps, « étions-nous préparés pour la lutte. Le neveu de Napo- « léon Ier était désireux de réparer complètement l'échec

(1) M. Herrmann Borgmeyer, de Greifswalde.

« qu'ont fait subir à son oncle, en 1813 et 1815, l'Au-
« triche, la Russie et la Prusse. En 1856 et 1859, la Rus-
« sie et l'Autriche ont été battues ; il n'en a pas été de
« même avec nous... Et puis, ne soyez pas aussi en colère
« de ce que nous vous ayons pris l'Alsace et la Lorraine ;
« car, si la France eût été victorieuse dans cette guerre,
« votre gouvernement, sans nul doute, nous eût enlevé la
« rive gauche du Rhin tout entière. » Je n'ajouterai rien
à ces paroles dictées par un fol orgueil.

Les Prussiens professaient encore un sentiment plus
vil que l'orgueil : c'était la bassesse. On rapporta au fort
qu'à force de promesses, de flatteries, ils avaient obtenu
d'un soldat parisien que nous voyions toujours avec eux,
l'acte de sa naturalisation prussienne. Plusieurs sous-officiers rencontrèrent ensuite ce renégat dans les rues de
Stettin, richement habillé d'un costume civil par les soins
de ses nouveaux compatriotes : la honte ne l'avait point
fait mourir. Je ne puis garantir ce fait, pas plus que je ne
puis indiquer le nom méprisable du soldat qui en fut le
héros, mais j'ai tout lieu de le croire exact. Ce qui surtout est certain, c'est que je vis souvent moi-même ce
Parisien se promener avec nos gardiens, et jouir de pri-
viléges que nous n'avions pas.

En Allemagne, le 25 décembre est la plus grande fête
de l'année ; ce jour-là tous les magasins sont fermés, et
personne ne travaille. On a vu en France de quelle manière nos ennemis célébraient la Noël : il en était de même
dans leur pays. Les arbres de Noël s'élevaient partout,
ornés de bonbons, de jouets, de rubans de toutes couleurs.
Tous les Prussiens étaient à la joie ; ils ne pensaient plus
à leurs frères, à leurs enfants, qui tombaient par centaines
sur le sol français : ils buvaient jusqu'au dernier degré

de l'ivresse. N'oublions point de signaler ici la prodigalité
de l'administration prussienne : en l'honneur de cette fête,
nous touchâmes double solde. Le prêt, qui se faisait tous
les dix jours, était de deux silbergroschen et demi (1); le
25 décembre, nous en reçûmes cinq. O les philanthropes
ennemis !...

Un sergent-fourrier du 36ᵉ de ligne eut l'heureuse idée,
en ce jour, de montrer aux Prussiens que la musique
française ne le cédait en rien à la musique allemande ; à
la messe, qui fut célébrée pour les prisonniers, et à laquelle assistaient nombre d'officiers prussiens, il fit exécuter par un chœur choisi plusieurs morceaux religieux
avec un merveilleux ensemble. L'aumônier seul le félicita
après l'office, et, on se le rappelle, cet aumônier était
Suisse. Aucun Prussien n'applaudit.

Elle touchait à sa fin, cette terrible année de 1870, où
tant de malheurs s'étaient abattus sur la France. Que
d'événements s'étaient passés depuis le jour où le maréchal Lebœuf. déclarant que « nous étions prêts pour la
« guerre, » et M. Emile Ollivier, annonçant que « les mi-
« nistres en prenaient la responsabilité, » faisaient voter
par le Corps législatif la plus folle des déclarations ! Nous
étions si bien prêts, qu'au mois de septembre les Prussiens
entouraient Paris, qu'au mois de janvier suivant ils le
bombardaient, et qu'enfin ils y entraient en vainqueurs!
La responsabilité, elle devait être légère à porter :
400 000 hommes gémissant en Prusse, trois milliards de
pertes, cinq milliards de rançon, et deux provinces en-
evées... Triste bilan !...

(1) Un peu plus de 31 centimes.

CHAPITRE IV.

Une nouvelle année commençait. Quels changements allait-elle apporter dans le conflit gigantesque des deux nations française et prussienne? Les prisonniers se le demandaient en s'exprimant réciproquement leurs vœux. Il faut bien le dire, pour eux tout se détachait en noir à l'horizon occidental, l'avenir leur apparaissait sombre : ils semblaient attendre, en tremblant, quelque événement terrible, qui ferait retentir en leur cœur le cri de douleur de la patrie expirante.

Les Prussiens étaient animés d'un sentiment tout autre. Eux aussi attendaient un événement décisif, qui mettrait fin à cette lutte exaspérante; mais ils l'attendaient avec confiance et gaieté, la figure riante et l'air hautain. La fortune les avait tant favorisés jusque-là, qu'ils semblaient ne plus rien craindre ; ils étaient moins brutaux, tout en devenant plus arrogants : c'étaient de mauvais présages.

On eût dit que la nature elle-même se disposait, avec les prisonniers, à prendre le deuil au jour de la curée

allemande. Le froid persistait avec une intensité désespé-
rante ; le ciel était gris, la neige tombait continuellement,
poussée par les lourdes rafales d'un vent du Nord ; si, par
moments, l'atmosphère s'éclaircissait, c'était pour nous
envoyer les rayons sans chaleur d'un pâle soleil, auxquels
succédait bientôt une pluie glaciale qui se changeait en
verglas à la surface de la terre. Les Prussiens par leur
joie, la nature par sa tristesse, remplissaient le cœur des
Français d'une sombre affliction. Il en sera ainsi jusqu'au
jour où l'ennemi fera retentir sur le pavé de certaines rues
parisiennes le talon de sa large botte ; mais, le malheur
consommé, cette affliction fera place à la haine, les pleurs
se sécheront pour être remplacés par des regards de vengeance, et toutes les paroles sur ce sujet douloureux se
résumeront en un seul cri : *Væ victoribus !*

Les Français en Prusse étaient soumis à un règlement
si draconien, les plus légères infractions à la loi militaire
étaient punies avec une telle rigueur, qu'aucune pensée
de révolte ne germa parmi eux. Toute idée de ce genre
eût été insensée. Les Turcos seuls, avec leur entêtement
habituel, ne se laissaient pas conduire facilement, et
presque toujours n'obéissaient qu'à la force devant les
exigences prussiennes. On les avait dispersés dans toutes
les villes, quelques-uns seulement par compagnie. Souvent ils avaient, par pantomimes, avec les gardiens prussiens, des querelles qui dégénéraient en voies de fait, et
qui se terminaient par la condamnation du prisonnier. Un
jour, une de ces scènes tourna au tragique. Un Prussien
exaspérait un Turco, en faisant avec son sabre le signe de
lui trancher la tête, et en lui répétant le mot *caput* (1).

(1) On prononce *capout*.

L'enfant de l'Afrique ne répondait rien. A la fin pourtant, lassé de ces bravades, il applique sur la tête du Prussien un formidable coup de poing, et le lance dans une fosse remplie d'immondices, en disant laconiquement : « Toi « aussi, *caput !* » Le malheureux alla donner tête baissée dans cette fosse profonde, où il disparut presque entièrement ; ses deux pieds seuls restèrent à la surface. Le Turco s'était esquivé et ne fut point connu. Lorsqu'on retira le Prussien, il était complètement asphyxié ; il mourut, dit-on, quelques heures après. Les prisonniers ne le plaignirent point ; ils regardèrent cet accident comme une première vengeance des vexations auxquelles ils étaient journellement en butte, et, dans ce sens, ils y applaudirent même.

Je parlais plus haut de la rigueur employée en matière de pénalité, pour les infractions au règlement des prisonniers de guerre. Voici deux actes d'une cruauté inouïe, dont personne ne pourra, pas plus que de tous les autres faits cités dans cet ouvrage, contester l'authenticité, et qui feront connaître la forme arbitraire des jugements prussiens. Dans le *fort Preussen*, où nous étions internés, se trouvaient, outre les baraques et les casemates, quelques maisons particulières, plusieurs d'épicerie et une de blanchissage. Les prisonniers recouraient souvent à cette dernière, ne pouvant réussir, par la gelée, à laver à l'eau froide l'une des deux chemises qu'ils possédaient. Un soldat français se dirigeait un jour vers cet établissement ; le factionnaire prussien qui se trouvait à ce poste, l'arrête et l'empêche de passer. Le prisonnier lui fait comprendre par signes qu'il ne va point chez un épicier, mais bien chez le blanchisseur, chercher une chemise qu'il a précédemment donnée ; puis, croyant qu'il a convaincu le teuton, il avance vers la maison, dont il n'est plus séparé que par quelques pas. Le Prussien, sans répliquer, redresse son fusil, et, avant que le Français ait eu le temps de fuir, il lui enfonce sa baïonnette dans la poitrine. Le malheureux prisonnier tombe en jetant un cri ; mais le factionnaire, furieux de voir qu'il n'est point mort, retire son arme et se met à l'en frapper de coups redoublés, jusqu'à ce que le fer se rompe et jaillisse au loin. Heureusement pour notre compatriote, d'autres gardiens arrivèrent, qui le retirèrent des mains de ce fils d'Attila, et le transportèrent mourant vers un lazareth. Je ne saurais dire s'il revint à la vie ; nous n'entendîmes plus parler de lui. La rage du Prussien n'était point assouvie : tandis qu'on emportait sa victime, il lui montrait le poing en frappant la terre du pied. Nous étions témoins de ce fait ; un jeune civil (1) avait même ramassé le fer de la baïonnette pour le conserver comme un témoignage de la cruauté prussienne, quand un gardien le lui arracha violemment des mains.

Une autre fois, — ceci se passait au *fort Wilhelm* ou à Stettin même, — un prisonnier français, pour avoir voulu de même enfreindre les ordres d'un factionnaire, était arrêté et emprisonné. Quelques jours après, il passait devant un conseil de guerre qui le condamnait à *onze ans d'arrêts en forteresse.* Le capitaine de la 27e compagnie, à cette occasion, faisait afficher dans les chambrées l'avis suivant : « Le commandant de la 27e compagnie informe « les soldats français placés sous sa surveillance, qu'un « prisonnier de guerre vient d'être condamné par le Con-

(1) Faucheux Alphonse, de Huêtre.

« scil à *onze ans* d'arrêts, pour avoir *voulu* forcer la con-
« signe d'un factionnaire prussien. »

Certes, je ne cherche point à excuser la désobéissance
de ces deux hommes ; les soldats prussiens avaient des
ordres auxquels les prisonniers devaient se soumettre. Mais,
dans le premier de ces deux cas, comment expliquer une
telle cruauté, et dans le second, comment admettre une
telle rigueur ?

Une compagnie tout entière fut également consignée
pendant huit jours, pour un coup de pistolet tiré d'une
fenêtre et dirigé sur un factionnaire qu'il n'atteignit point.
La surveillance devint plus active que jamais, et la discipline fut poussée au dernier degré de sévérité. Il n'était
plus permis à personne de sortir la nuit, même pour satisfaire aux besoins naturels les plus pressants. Aussi, le
matin, trouvait-on les escaliers souillés, ce qui faisait jurer
les Prussiens, et murmurer les prisonniers auxquels tombait la corvée peu agréable du nettoyage. Les choses se
passèrent ainsi pendant une dizaine de jours. De minu-
tieuses perquisitions avaient été faites dans toutes les baraques, les paillasses avaient été visitées avec soin, et,
comme rien n'avait été découvert, on en était revenu à
l'exécution du règlement et du code, qui étaient, on le
sait, déjà bien assez rigoureux.

Vers le milieu du mois de janvier, je tentai, en faveur
des prisonniers civils, un dernier essai. J'adressai au
capitaine commandant la 27e compagnie la lettre suivante,
où je répétais ce que cent fois déjà j'avais dit ou écrit :

« Monsieur, à la fin du mois d'octobre dernier, j'ai
« adressé, au nom de la compagnie civile, une pétition au
« commandant de place de Stettin, demandant qu'une

« enquête fût faite sur notre arrestation, et sur la manière
« dont nous avions été conduits en Prusse.

« L'enquête fut ouverte, des interrogatoires eurent lieu,
« des procès-verbaux furent dressés, mais nous en igno-
« rons jusqu'à présent les résultats, et nous sommes
« chaque jour dans l'attente de la réponse qu'il plaira au
« gouvernement prussien de faire à notre demande.

« Je viens donc vous prier, monsieur, de vouloir bien
« nous faire connaître les suites de cette enquête. On ne
« saurait trop répéter que nous avons été amenés par
« méprise à Stettin, et que nous subissons cette captivité
« malgré la plus complète innocence. *Dix-sept* d'entre
« nous déjà, vieillards pour la plupart, ont succombé de-
« puis notre arrivée, et cette détention, dans la suite, ne
« peut sûrement qu'être fatale à ceux qui restent. »

J'écrivais ces lignes le 19 janvier. Dix jours après, l'officier à qui elles étaient adressées, vint me trouver au bureau de la 27e compagnie, et m'apprit — ce que j'ai dit
dans un autre chapitre, — que tous les renseignements
recueillis n'avaient point été envoyés à Berlin, qu'ils étaient
encore à la *Commandantur* de Stettin. « Du reste, ajouta-
« t-il, vous ne pouvez tarder à revoir la France. Paris
« vient de capituler ; l'armée est prisonnière dans la
« ville ; Gambetta, le premier fou (1), a donné sa démis-
« sion. La paix sera faite prochainement. Prenez pa-
« tience... » Patience ! c'était le dernier mot de consolation donné aux prisonniers civils !

Bien que cet écrit n'ait pour but que de raconter un des
mille épisodes de la terrible guerre franco-allemande, je

____

(1) Ces paroles sont textuelles ; je n'apprécie point, je
constate.

ne puis me défendre de relater certains passages d'un document curieux, adressé de Versailles, le 9 janvier 1871,
par le comte de Bismarck, aux agents diplomatiques de la
Confédération à l'étranger (1). Cela sortira quelque peu de
l'histoire de notre captivité; mais, comme trait d'union,
je citerai de préférence les passages qui permettent d'éta-
blir un contraste frappant entre les termes de cette circulaire et la position des prisonniers civils.

Le chancelier fédéral parle d'abord d'un document
signé du comte Chaudordy, et rempli d'accusations contre
les chefs et les soldats allemands, que les puissances
neutres auraient reçu en communication au nom du gouvernement de la défense nationale ; il doute de l'authenticité de cette communication ; mais, si elle a eu lieu réellement, il pense que le monde entier, qui se rappelle l'histoire des guerres précédentes, et qui sait de quelle façon
les troupes françaises ont l'habitude de se conduire en
pays ennemi, en fera justice.

« Les représentants de la presse européenne et améri-
« caine, dit-il, auxquels nous avons donné volontiers accès
« près de nous, ont observé et attesté combien le soldat
« allemand sait allier l'humanité avec la bravoure, combien
« l'on hésite chez nous à exécuter les mesures rigoureuses,
« mais autorisées par le droit des gens et l'usage de la
« guerre, que le commandement des armées allemandes
« se voit obligé de prendre, y étant contraint par la ma-
« nière dont agissent les Français, au mépris du droit des
« gens, et par la nécessité de protéger ses propres troupes
« contre l'assassinat. Même avec les plus grandes et les

(1) Ce document se trouve dans la *Correspondance de
Berlin* du 17 janvier, nº 6, traduit du *Moniteur prussien*.

« plus persistantes altérations de la vérité, on n'a pas
« réussi à obscurcir ce fait, que ce sont les Français qui ont
« donné à cette guerre le caractère que chaque jour doit
« accentuer plus vivement et plus généralement. » Nous,
prisonniers de Bricy, nous avons pu observer et nous
pouvons attester combien le soldat allemand sait allier
la férocité à l'amour du pillage ; nous pouvons affirmer
devant l'Europe entière, — et tous les faits racontés dans
cet ouvrage le prouvent, — que l'on hésite bien peu en
Prusse à exécuter, non pas « les mesures rigoureuses
« autorisées par le droit des gens, » mais les actes d'une
sauvagerie digne des temps reculés, que cette nation a
conservée à sa honte. Et que vient-on ici parler d'assassinat ? C'était sans doute pour protéger contre le meurtre
les soldats de von Wittich que l'ouvrier de Bricy était
troué de balles, que les vignerons d'Ormes étaient fusillés,
que les deux insensés du wagon de Nogent-l'Artaud étaient
martyrisés !...

M. de Bismarck aborde ensuite dans sa circulaire la
Convention de Genève, dont « les médecins militaires fran-
« çais du plus haut grade ne savaient rien, » ce qui, au
reste, ne le surprend plus, depuis qu'il a appris « combien
« la France était incomplétement préparée pour une
« guerre pendant si longtemps méditée et entreprise avec
« tant d'audace. » Il prétend que, sans qu'il y ait eu de la
part des troupes françaises méprise ou accident, il est
arrivé 21 fois qu'on fît feu sur des parlementaires allemands portant un drapeau ; — et, tandis qu'eux avaient à
cœur d'exécuter toutes les prescriptions de la convention,
« du côté des Français, dit-il, on a continué jusqu'à ces
« derniers jours d'attaquer les ambulances et les lieux de

« pansement, de maltraiter et de dépouiller les médecins,
« les délégués, les aides de lazareth, les porteurs de
« malades, *d'assassiner les blessés* ; et lorsque des médecins
« sont tombés au pouvoir de troupes ennemies, il n'est pas
« rare qu'on leur ait infligé de mauvais traitements, qu'on
« les ait emprisonnés ; dans le cas le plus heureux, ils ont
« été dévalisés et conduits avec d'extrêmes fatigues jus-
« qu'à la frontière suisse ou italienne. » M. de Bismarck
n'a pu encore constater authentiquement tous les cas ; mais
il ne peut se refuser de relater de suite le témoignage d'un
médecin suisse, celui du docteur Burkhard, daté de
Puiseux (1), le 18 décembre : « La Convention de Genève
« a été fréquemment violée dans les combats dont la forêt
« d'Orléans a été le théâtre. J'ai vu, le 30 novembre, un
« médecin militaire français qui, non-seulement au dire
« des prisonniers français, mais d'après son propre aveu
« même, avait tué avec son révolver nombre de prison-
« niers prussiens. — Beaucoup de francs-tireurs dans les
« mouvements de retraite ont tiré de leur poche le brassard
« de Genève. Il est fréquemment arrivé qu'ils firent feu
« sur les blessés. »

Après cette longue énumération d'énormités reprochées
aux troupes françaises, le chancelier fédéral parle de
balles explosibles qui auraient été employées par les
Français à la bataille de Wœrth, et dans un combat près
de Tours, le 20 décembre ; — et d'autres qu'on aurait
découvertes dans les munitions prises à Strasbourg, pour
le fusil à tabatière. « Il est bon, ajoute-t-il, de rappeler
« qu'un commandant français a accusé les troupes ba-

(1) *Puiseaux,* très-probablement.

« doises — qui ont aussi peu que les autres troupes alle-
« mandes fait usage de balles explosibles pour leurs armes
« à feu de main, — de se servir de balles de cette nature,
« contrairement à la Convention de Genève, et a officiel-
« lement menacé, en conséquence, les populations ba-
« doises, *même les femmes*, de leur faire subir le sort du
« Palatinat sous Louis XIV. »

Il est vrai, le Palatinat fut autrefois incendié, Manheim
et Heidelberg furent détruites ; mais ce n'était guère, il
faut l'avouer, le moment de rappeler ici ce triste fait his-
torique, quand les troupes prussiennes usaient de si
cruelles représailles. Et d'ailleurs, M. de Bismarck le sait,
si Louis XIV eût été témoin de ce spectacle, il aurait lui-
même éteint les flammes. Il avait signé, du fond de son
palais de Versailles, — au lieu même où le chancelier a
signé les odieux mensonges de sa circulaire, — la destruction de tout un pays, parce qu'il ne voyait dans cet
ordre que son pouvoir et le malheureux droit de la
guerre ; de plus près, il n'en eût vu que l'horreur (1).
M. de Bismarck n'était pas à Varzin, pas plus que son roi, à
Potsdam quand Bazeilles et Châteaudun ont brûlé ; ils étaient
témoins de ce spectacle, eux, et ils se sont bien gardés d'arrêter les flammes ! Passons.

« On ne peut s'étonner ensuite, » dit enfin le chancelier, — après avoir constaté que dans la guerre maritime
les Français se mettent également au-dessus du droit
des gens, — « on ne peut s'étonner si les chefs du gou-
« vernement français, qui ont si peu de respect pour la
« loi et les traités, hésitent encore moins à braver les

(1) VOLTAIRE, *Siècle de Louis* XIV.

« mœurs des peuples actuels et à remonter aux façons
« d'agir d'une période de civilisation déjà très-reculée, —
« voire même à approuver des choses qui, dans tous les
« temps et chez tous les peuples où existe une notion
« d'honneur, non pas même la plus raffinée, ont été con-
« sidérées comme particulièrement ignominieuses. —
« Comment les prisonniers français, dont un nombre sans
« exemple est tombé entre nos mains et à notre charge,
« sont traités en Allemagne, blessés et malades, ou bien
« portants, c'est ce qu'ont pu juger par leurs yeux des
« personnes d'états neutres qui se donnent la mission de
« soigner les malades, et elles en ont spontanément rendu
« un témoignage public, signé de leurs noms. — Les
« prisonniers allemands en France, bien qu'ils n'atteignent
« pas la dixième partie du nombre des prisonniers fran-
« çais, ont été en maint endroit *traités avec une dureté*
« *inhumaine et ont manqué de tous soins.* Un transport
« d'environ 300 prisonniers bavarois, malades, qui se trou-
« vaient dans les lazareths d'Orléans, la plupart atteints
« du typhus ou de la dyssenterie, ou blessés, ont été *entassés*
« pêle-mêle dans les cellules et les corridors de la prison
« à Pau, avec une botte de paille comme litière, et pen-
« dant six jours ils n'ont obtenu que du pain et de l'eau,
« jusqu'à ce que des dames anglaises et allemandes se
« soient intéressées à leur sort, les aient secourus avec
« leurs propres ressources, et aient décidé l'autorité locale,
« malgré son mauvais vouloir, à prendre quelque soin
« d'eux. » — Ces lignes ne sont-elles pas inouïes ? On a
peine, en vérité, à concevoir dans un homme assez d'audace pour oser rejeter sur un pays les ignominies dont
sa nation s'est souillée... Ces traitements « d'une dureté

« inhumaine, » cet « entassement de prisonniers » ce « man-
« que de tous soins, » cette « paille comme litière, » ces
« six jours passés seulement avec du pain et de l'eau »…..
mais c'est l'histoire en miniature des prisonniers de Bricy
que raconte là M. de Bismarck aux puissances étrangères !
Ce n'est pas tout : « En d'autres lieux, continue-t-il, les
« prisonniers allemands, particulièrement ceux qui sont
« tombés aux mains de l'armée du général Faidherbe,
« ont été tenus par un froid de 16 degrés dans des gre-
« niers sans feu ; on ne les a pourvus *ni de couvertures,*
« *ni d'une nourriture chaude et suffisante,* tandis qu'en
« Allemagne, tous les locaux destinés à recevoir des prison-
« niers de guerre sont garnis de poêles depuis le commen-
« cement de l'hiver. Les équipages des navires de com-
« merce allemands ont été non-seulement retenus comme
« prisonniers de guerre, mais *traités comme des mal-*
« *faiteurs, attachés deux à deux avec des chaînes,* trans-
« portés de lieu en lieu, et n'ont reçu, chacun d'eux,
« qu'une alimentation qui *comme qualité et quantité ne*
« *suffisait pas à nourrir un homme.* » Décidément, M. .
de Bismarck avait à cœur d'esquisser dans sa circulaire les
traits les plus saillants de notre histoire. Et encore ose-t-il
ajouter : « L'un des civils *faits prisonniers contre tout*
« *droit,* s'étant plaint de ce qu'on retenait l'argent qui
« lui avait été envoyé, il lui fut répondu officiellement,
« par écrit, qu'envers les prisonniers on n'était tenu à nul
« égard. » Bravo! Et de quel droit, — je le demande à M. de
Bismarck, — les officiers prussiens faisaient-ils prisonniers
dans un même village, *cinquante-deux* habitants, pour
les emmener mourir en partie à trois cents lieues de leur
clocher ? Vraiment ! Un civil se plaignait de ce qu'on lui

retenait son argent ? Eh bien ! n'en déplaise à son Excellence le chancelier, il y a encore à Stettin, dans les bureaux de l'administration des postes ou dans la poche de quelque fonctionnaire, une lettre chargée *(geldbrief)* contenant dix thalers, qui est arrivée à mon adresse le 12 ou le 13 février 1871, et qu'on n'a jamais voulu me délivrer, malgré mes demandes réitérées (1).

« Encore aujourd'hui, » dit enfin M. de Bismarck pour compléter son tissu de mensonges, « les prisonniers « transportés à travers les villes n'ont aucune protection, « excepté à Paris, contre les indignes traitements que « leur fait essuyer la population. En Allemagne, *il n'y a* « *pas d'exemple que la population ait manqué, même* « *par des paroles blessantes*, au respect que le malheur « trouve chez les peuples civilisés. » Ah ! que M. de Bismarck vienne donc interroger les vieillards de Bricy ! Ils lui raconteront comment, depuis Mayence jusqu'à Stettin, les a reçus cette population, qui, « même par des paroles « blessantes, » n'a jamais manqué au respect du malheur ! Plusieurs pourront lui montrer encore la marque des « indignes traitements » que leur a fait essuyer ce peuple charitable et compatissant qui est le sien...... Mais arrêtons ici l'analyse de cette circulaire ; jusqu'à la fin ce document n'est que la négation la plus absolue de ce que pratiquait la Prusse, soit en France, soit envers les prisonniers... On nous pardonnera de l'avoir introduit dans ce récit.

(1) La 27e compagnie était alors commandée par le capitaine von Podjacki et un sergent-major nommé Bartsch. Après mon retour en France, j'écrivis à la *Commandantur* de Stettin et à l'administration des postes, au sujet de cette lettre. Il ne m'a jamais été fait de réponse.

Que se passait-il en France? Hélas ! Paris était bom-
bardé, Bourbaki échouait dans sa pointe sur Belfort,
Chanzy fuyait sur Alençon et Laval..... Les dépêches prussiennes faisaient prévoir le dénoûment du drame. Le
Journal stettinois et poméranien publiait les suivantes :

« *Versailles, 27 janvier*. — Jules Favre est revenu ici,
« accompagné du général Beaufort et autres. Un armis-
« tice est conclu ; il s'est aussitôt étendu sur toute la
« France. Paris est très-irrité. On entend de Versailles le
« bruit des tambours et les cris de la populace. D'après
« le *Daily Telegraph*, la demande de Bismarck en ar-
« gent comptant doit s'élever à quatre milliards. »

« *Bruxelles, 28 janvier*. — Une agitation indescrip-
« tible règne à Bordeaux, par suite de la nouvelle que le
« gouvernement de Paris se prépare à capituler. Les par-
« tisans de la paix ne se hasardent pas encore à se mon-
« trer. »

Et enfin, le 29 : « D'après un télégramme du chance-
« lier fédéral du 28 de ce mois, M. de Bismarck a signé
« avec Favre la capitulation de tous les forts de Paris, et
« un armistice de trois semaines sur terre et sur mer.
« L'armée de Paris reste prisonnière dans la ville (1). »

Cette dépêche, ce fut pour les Prussiens le dernier
chant du poëme, pour les prisonniers le dernier mot de la
fortune ! (2) La politique de M. de Bismarck était cou-
ronnée par cet immense événement. Les Prussiens dans

(1) *Extrablatt der stettiner und pommerschen Zeitung*,
du 29 janvier 1871.

(2) Quelques prisonniers à ce moment avaient rimé, en
vers sinon corrects, du moins énergiques, leurs senti-

Paris !... ç'avait été peut-être le rêve de toute sa vie et sa pensée de tous les jours sous les ombrages de Warzin, comme son ambition, à son entrée dans le monde diplomatique, avait été sans doute de dominer l'Europe où de n'exister pas. C'était pour lui la question d'Hamlet : *To be or not to be !*

Les illuminations éclairèrent Stettin comme la lueur d'un vaste incendie, et le canon fit de nouveau retentir à nos oreilles ses joyeuses détonations, que l'Oder répéta en échos. « Ne sentez-vous pas, me disait un sergent « français en entendant ce canon, que chaque détonation « vous perce le cœur comme un coup de poignard ? »

ments de haine. Voici plusieurs couplets de l'un d'eux, qui se chantaient sur la musique du *Rhin allemand,* et que j'ai recueillis dans les chambrées.

Ne pleure plus, France, soldat de Dieu !
N'es-tu pas le flambeau du monde?
La trace d'un peuple ambitieux
Chez toi ne peut être profonde :
Méprise ses forfaits et ses crimes odieux.

Noble drapeau ! Aigle, prends ton essor,
Vole vers ceux qui t'ont flétrie !
A genoux et en lettres d'or,
Un jour sur l'étoffe bénie,
Nous broderons la fin de l'empire du Nord.

Honte à jamais à la Prusse, à son roi,
Qui de sang ont rougi nos plaines,
En foulant aux pieds toute loi.
Ils ont accumulé nos haines !
La vengeance viendra : nous en avons la foi...

CHAPITRE V.

FÉVRIER : Les maladies et le froid. — Krekow. — Un théatre a Krekow. — Un monument prussien. — Le dégel. — Lettres de France. — La paix.

Les maladies régnaient en grand nombre à Stettin : la dyssenterie, le typhus, et plus particulièrement la petite vérole, éclaircissaient les rangs des prisonniers. Cette dernière maladie prit des proportions assez considérables pour que les Prussiens s'en inquiétassent et se décidassent à employer quelques moyens préservatifs. Ils désinfectèrent au chlore toutes les casernes, ils firent prendre aux prisonniers des bains de vapeur, ils vaccinèrent ceux qui ne l'avaient point été. Grâce à ces précautions un peu tardives, la mortalité diminua, et la maladie elle-même disparut bientôt presque complétement.

Nous eûmes les 7 et 8 février une recrudescence terrible de froid. Le thermomètre Réaumur descendit à 25 degrés au-dessous de zéro. Le 8 février, sur 40 soldats français venant de Krekow (1) à Stettin chercher le pain pour la distribution du lendemain, *huit* furent gelés : deux moururent immédiatement et les autres les jours suivants. Il n'était pas rare, du reste, au mois de janvier, que quelques uns des prisonniers amenés des environs du

(1) Petit bourg, à 4 kilom. environ à l'ouest de Stettin.

9.

Mans périssent du froid dans les wagons découverts qui les transportaient.

Le 14 février, nous reçûmes l'ordre de nous disposer à partir pour Krekow. Cet ordre nous déplut. Nous étions habitués au séjour du *fort Preussen*, nous pensions atteindre là le terme de notre captivité ; et, au moment où l'on prononçait des paroles de paix, voilà que tout à coup on nous faisait changer de résidence. Mais il fallut bien obéir. Nos préparatifs ne furent pas longs ; nous pliâmes notre couverture, et nous partîmes en enfonçant dans deux pieds de neige. Avant de quitter la chambre de cette caserne où nous avions passé d'aussi longs jours, je ne pus me défendre de satisfaire à un désir enfantin. J'écrivis sur la porte : *Es lebe das Frankreich !* (1) laissant au moins un souvenir français là où avaient souffert des Français !...

Le voyage de Stettin à Krekow s'effectua sans difficulté.

Krekow est situé à une lieue environ à l'ouest de Stettin. C'est un village autour duquel s'étendent, d'un côté d'immenses plaines, de l'autre de vastes forêts. Un tir d'artillerie y a été établi ; il ne servait point en ce moment ; l'emplacement était occupé par de jeunes soldats, recrutés en grande partie parmi les Polonais, que des sergents instructeurs exerçaient dans la neige au maniement des armes, en leur distribuant avec prodigalité et coups de poing et coups de sabre. Dans ces champs recouverts à perte de vue d'une épaisse couche de neige, il était curieux de voir s'engager les traîneaux prussiens, dont les couleurs éclatantes, en se réfléchissant sur la blan-

(1) Vive la France !

cheur de la plaine, offraient un contraste des plus attrayants.

Un grand nombre de baraques avaient été construites à Krekow pour le logement des prisonniers ; elles pouvaient contenir jusqu'à dix mille hommes. L'une de ces baraques avait été mise, par l'administration prussienne, à la disposition d'une troupe de hussards qui désiraient y élever un théâtre. Ils réussirent certes assez bien. Quelques couvertures, quelques morceaux d'étoffe de différentes couleurs fournirent les décors ; les costumes et les autres objets nécessaires furent achetés en ville. Avec cela, nos hussards purent donner des soirées dramatiques, et on en parla bientôt assez pour que des officiers et des dames vinssent les voir jouer de Stettin même. J'assistai un soir à la représentation de la *Tour de Nesle*. Il ne déplaisait pas vraiment de voir Buridan et Marguerite de Bourgogne sur la scène de Krekow !...

Entre Stettin et Krekow, sur un monticule élevé par la main des hommes, se trouve une colonne en bronze entourée de quatre pièces de canon réunies par des chaînes. Ce monument perpétue le souvenir des guerres du premier empire. Là se livrèrent de gigantesques combats où l'avantage comme toujours resta aux Français, et sous ce tumulus reposent les corps des élèves de Frédéric II. La colonne porte en son milieu cette inscription qu'entoure une couronne d'or :

DEN
KRIEGERN
VON
1813-14-15 (1).

(1) *Aux guerriers de 1813-14-15.*

Elle est surmontée d'une croix qui porte à sa base la date de 1813 et à son sommet les armes de Prusse avec ces deux lettres : *F. W.* (1).

Dans la dernière semaine de février, le froid diminua beaucoup : la neige fondit et transforma la plaine en un vaste étang. Les vents de mars commencèrent à souffler avec une extrême violence, alternant de temps à autre avec une pluie abondante. Le papier goudronné qui recouvrait notre baraque avait été presque totalement emporté, et l'eau ruisselant à travers les planches, inondait notre chambre. La nuit, il nous fallait rester debout presque constamment pour ne pas grelotter sous ces douches glaciales. La quantité de charbon qu'on nous distribuait journellement avait été diminuée encore, et pour entretenir quelques heures plus longtemps le feu qui nous séchait, les prisonniers de Bricy ramassaient tout ce qu'ils trouvaient, les plus petits morceaux de bois, les débris de planches, les herbes encore couvertes de neige; on brûlait même la paille sur laquelle nous couchions.

Ce fut dans ces conditions que nous atteignîmes la fin de février. Une heureuse nouvelle allait terminer ce mois et nous faire oublier pour un moment tous les maux que nous avions soufferts.

On parlait de paix depuis l'armistice : prisonniers et Prussiens ne la désiraient pas moins. Les lettres qui m'arrivaient de France faisaient espérer la fin de la lutte. « Quels maux que ceux de la guerre, m'écrivait-on d'Orléans, « et quels vœux unanimes on fait de toutes parts pour « une prochaine paix ! » — « Vous avez appris sans doute

(1) Friedrich Wilhelm.

« déjà la capitulation de Paris, les élections pour le 8 février :
« vous ne pouvez tarder à revenir, » disait une autre
lettre. — Et de Beaugency : « Ah ! nous attendons tout
« de l'Assemblée nationale, et surtout la paix, qui vous
« rendra et votre liberté et votre pays..... tout... On dit
« que les provinces du Midi voudraient continuer la lutte.
« Triste pensée !... Il n'y a que ceux qui n'ont pas vu les
« horreurs de la guerre de près comme nous, qui peuvent
« encore désirer cette résistance à outrance qui exaspère
« le vainqueur et ajoute à nos maux..... »

C'étaient de tristes nouvelles, et pourtant nous les recevions avec joie, car elles nous donnaient l'espoir d'un prochain retour. Il faut si peu de chose pour éclairer d'une fugitive lueur d'espérance le cœur de celui qui souffre...

Nous touchions sans nous en douter au terme de notre captivité.

Le 27 février, j'examinais avec un sous-officier de dragons (1) cette colonne en bronze élevée à la mémoire des guerriers de 1813. De là, nous apercevions la ville entière de Stettin. Une quantité innombrable de drapeaux flottaient sur toutes les maisons. Les couleurs françaises, comme pour insulter au malheur des prisonniers, dominaient dans cette forêt d'aigles et d'étendards. Nous nous demandions ce que signifiaient ces réjouissances, quel événement pouvait exciter ainsi la joie de nos ennemis, qui se disaient blasés sous le rapport des victoires. Tout à coup nous aperçûmes un groupe de Prussiens descendant de la ville. Dès qu'ils furent à portée de la voix, nous pûmes comprendre la cause de cette gaieté publique. « *Der Krieg*

(1) Pierre Ernest, du 8e dragons.

« *ist fertig !* » criaient-ils, « la guerre est finie ! » Et toute leur joie se traduisait en vivats et en exclamations de triomphe... Ils tenaient tous à la main un papier rose glacé ; c'était la dépêche, encadrée dans un filet de fleurs, qui annonçait au peuple allemand la signature des préliminaires de paix et la rançon de la France : cinq milliards et deux provinces...

Ainsi, c'était vrai ; la guerre était finie... la vengeance d'Iéna était accomplie...

Le sous-officier et moi, nous reprîmes le chemin du camp, où nous rentrâmes sans avoir prononcé une parole...

CHAPITRE VI.

RETOUR : De Stettin a Orléans.

Le 28 février, à huit heures du matin, un Prussien nous
vint donner l'ordre de rendre immédiatement tous les
effets ou objets dont nous nous servions, et de nous pré-
parer à partir pour la France. On se figure notre surprise
à cette nouvelle. Nous crûmes d'abord à une plaisanterie
du teuton, et nous fûmes quelques minutes sans obtem-
pérer à son injonction. Mais lorsqu'il répéta cet ordre,
en l'accompagnant d'un *tout de suite* qui ne laissait aucun
doute, nous fûmes pris d'un accès de joie impossible à dépeindre.

Nous partîmes, en effet, deux heures plus tard de
Krekow, et à onze heures nous arrivions à Stettin. On nous
conduisit d'abord à *l'hôtel de Prusse*, où j'avais été plusieurs fois déjà, puis de là à l'hôtel du bataillon, à la
porte duquel nous attendîmes une longue heure, exposés
à la curiosité, aux railleries et aux menaces de tous les
manants stettinois, qui nous traitaient de « garibaldiens
« et de brigands. » Nous n'avions point encore assez reçu
d'humiliations. C'était bien là cette population dont parle
M. de Bismarck dans sa circulaire, qui, pendant tout le

cours de la guerre, « n'a jamais manqué, même par des « paroles blessantes, au respect que le malheur trouve « chez les peuples civilisés. »

Nous repartîmes enfin ; mais, hélas ! quelle ne fut pas notre déception en voyant que nous retournions sur Krekow... La circulaire émanant du bataillon avait été mal comprise à la 27e compagnie, et c'était seulement au lendemain, 1er mars, que le départ était fixé. Nous nous consolâmes de ce contre-temps fâcheux, et nous fîmes sécher nos vêtements trempés par une pluie continuelle. Puis, nous nous étendîmes sur nos paillasses et nous pensâmes à la France. Je ne dormis guère, pour ma part, en cette dernière nuit passée sous les baraques de Krekow.

Le lendemain, à sept heures, nous partions de nouveau pour Stettin. La nuit avait été froide, la gelée très-forte. La scène de la veille se renouvela devant l'hôtel du bataillon. Je pus m'y soustraire en entrant chez un libraire, où j'achetai plusieurs ouvrages allemands, entre autres les *Œuvres complètes* de Schiller, et une *Histoire de la guerre franco-allemande de 1870*, par Winterfeld. Nous fûmes heureux lorsqu'un officier prussien vint faire l'appel, et nous enleva aux regards des curieux pour nous conduire à la gare (1). Nous avions une heure d'avance ; nous la trouvâmes longue, et pourtant n'était-ce pas une minute comparée aux cinq mois de captivité que nous venions de subir ? Il nous tardait tant d'entendre la locomotive qui devait nous transporter vers la France !...

Un des anciens commandants de la 27e compagnie se trouvait à cette gare Il parut regretter que le gouver-

____

(1) Cet officier nous accompagna jusqu'à Orléans.

nement prussien nous eût traités d'une manière aussi peu digne d'une nation civilisée, mais son dernier mot fut un mot d'orgueil (1).

A midi enfin, nous montions dans le wagon qui nous était destiné. Quelques minutes plus tard, le sifflet aigu de la vapeur retentissait, le train s'ébranlait... Nous roulions sur le chemin de la patrie... Le temps était superbe, le soleil reluisait comme dans un beau jour de printemps. La neige fondait sur les plateaux élevés qui s'étendent autour de Stettin ; l'Oder recevait au pied de ces plateaux l'eau provenant de la fonte des neiges.

Nous partions la joie dans le cœur, et pourtant cette joie était tempérée par une pensée bien amère : nous laissions là *dix-huit* de nos compagnons de captivité (2), dont *seize* pères de famille, victimes infortunées de la barbarie prussienne. Ils dormaient du dernier sommeil sur cette terre inhospitalière, mais leurs tombes étaient un monument de honte élevé au nouvel empire d'Allemagne. Ils étaient morts en demandant vengeance à Dieu : leur dernier soupir, à tous, avait été une malédiction pour la Prusse...

A quatre heures nous étions à Berlin. Les principales stations que j'avais remarquées jusque là, étaient Angermünde, Neustadt-Eberswalde, où nous traversâmes un canal (3), et Bernau. Nous descendîmes à la gare du nord où nous restâmes jusqu'à six heures. On nous servit en ce lieu,

(1) Voir l'*avant-propos* de ce livre.
(2) 13 de Bricy, 1 de Patay, 1 d'Ingré, 2 d'Orléans et 1 de Saint-Jean-de-la-Ruelle.
(3) Le canal de Finow.

pour notre dîner, une mince portion de viande et une pleine gamelle de riz. Je ne touchai à rien, malgré les efforts du Prussien qui ne cessait de me répéter que « son riz était « bon, qu'il était chaud. » Un marchand de livres étalait en cette gare ses volumes, ses images, et quantité de caricatures, qui presque toutes ridiculisaient notre pays. L'une d'elles représentait la France, épuisée, sur l'affût d'un canon brisé ; une nuée de vautours descendaient à tire d'aile du haut des airs et fondaient sur cette malheureuse proie ; ces oiseaux portaient différents noms. Au-dessus d'eux planait un aigle gigantesque qui les couvrait de ses ailes : celui-ci s'appelait *anarchie*. Sur une autre, deux soldats français, ivres, s'en allaient titubant ; au-dessous on lisait :

> Allons, enfants de la patrie,
> Le jour de *boire* est arrivé...

— J'achetai à ce marchand quelques cartes photographiées comme souvenirs de la capitale prussienne.

A six heures, une voiture nous vint prendre et nous conduisit à la gare du chemin de fer de Cologne. Nous traversâmes la Sprée sur plusieurs ponts ; nous passâmes *unter den Linden* (1), sous la porte de Brandebourg, et aussi sous des panoplies innombrables de drapeaux de toutes les formes et de toutes les couleurs. Autant que j'en ai pu juger, Berlin n'est pas une très-belle ville ; les maisons sont irrégulières, les places quelque peu négligées. Cette *rue des Tilleuls*, dont les Prussiens se targuent tant, ne m'a paru avoir rien de bien remarquable.

____

(1) « *Sous les Tilleuls.* »

A la gare de l'ouest, une dame prussienne nous apprit que, dans la journée, il circulait à Berlin des bruits sur la continuation de la guerre. C'était la crainte sans doute qui faisait ainsi parler les Berlinois ; on sait qu'ils ne désiraient pas moins la paix que les Français.

Il nous fallut attendre longtemps encore à cette nouvelle gare. Là ce n'étaient plus des images ni des livres qu'un Prussien étalait : c'étaient des mouchoirs sur lesquels avaient été peints différents épisodes de la guerre. On voyait sur l'un d'eux Napoléon III, le képi à la main, tendant gracieusement son épée à Guillaume, qui la recevait d'un air souriant. Au bas étaient écrites les fameuses paroles : « *Da* « *es mir nicht vergœnnt war, an der Spitze meiner* « *Truppen zu sterben, so lege ich meinen Degen in die* « *Hand Ew. Majestæt !* (1) »

Nous quittâmes Berlin à onze heures ; le lendemain, à six heures, nous étions à Brunswick, après avoir passé à Potsdam, à Brandebourg, à Magdebourg. Nous ne nous arrêtâmes que quelques minutes à Brunswick, le temps de prendre un peu de café, puis nous repartîmes, dépassant Hanovre, Münden, pour ne descendre que dans l'après-midi à Hamm, où l'on nous servit un bouillon. — A Dusseldorf, un Allemand eut la gracieuseté de m'apprendre que la paix avait été votée à l'Assemblée nationale par 547 voix contre 105 (2) ; mais il crut devoir ajouter à cette politesse, qu'il était bon que la France fût vaincue dans cette

______

(1) « N'ayant pu mourir à la tête de mes troupes, je dé-« pose mon épée entre les mains de votre Majesté ! »

(2) Ces chiffres sont ceux qu'il m'indiqua ; si je me le rappelle bien, ils ne sont pas très-exacts.

guerre, qu'elle le méritait bien. De Dusseldorf, nous atteignîmes rapidement Deutz, puis Kœln ou Cologne. Il était
sept heures environ. Nous franchîmes le Rhin sur un
pont en bois d'une très-belle construction. La ville tout
entière était illuminée en l'honneur de la paix ; la réver-
bération de ces milliers de lumières faisait ressortir dans
l'ombre la masse imposante de la belle cathédrale. Le
canon tonnait : il avait salué le train qui nous emmenait
à toutes les gares importantes où nous avions passé...
Les drapeaux flottaient : depuis Berlin jusqu'à Cologne,
tous les arbres, le long de la voie, en étaient garnis...
Et pour compléter le tableau des réjouissances, un feu
d'artifice envoyait dans les nues ses brillantes fusées, qui
retombaient sur la ville en gerbes de lumière.

Un certain nombre de Polonais attendaient, en même
temps que nous à la gare, un train qui devait les conduire à
Berlin. Ils se disaient très-peinés de voir la France vaincue
dans cette guerre, eux qui n'étaient point les amis de la
Prusse. Devions-nous les croire ?

Nous partîmes de Cologne à minuit. De nombreux soldats de la landwehr s'embarquèrent avec nous dans le
train pour se rendre à Metz. Un capitaine prussien nous
menaçait encore lorsque nous montions dans le wagon, et
murmurait contre la « clémence » de son gouvernement.
« N'aurait-il pas mieux agi, s'écriait-il, en faisant fusiller
« tous ces voleurs qu'en les renvoyant en France ? » —
Je recommande ce passage à M. de Bismarck pour ses cir-
culaires diplomatiques.

Le matin à cinq heures, nous descendions à Bingerbrück,
petite ville entourée de montagnes où nous restâmes trois
heures, et le soir, à quatre heures, après avoir passé sous

de nombreux tunnels, nous arrivions à Metz. Là, quelques jours auparavant, nous aurions été sur la terre française : à ce moment, hélas! nous étions encore sur le sol allemand... Nous avions pu remarquer le long de la voie, à partir de Saarbrück, les traces de la guerre ; la montagne était sillonnée de boulets, les maisons de Forbach étaient trouées d'obus ; autour de Metz, des villages entiers avaient été détruits par les flammes, et près de ces villages, de petites croix en bois blanc indiquaient le lieu où reposaient pour toujours et Prussiens et Français... Dieu ! que cela était triste !... Les maisons en ruines, sans toitures, restaient là du moins comme une preuve de l'esprit destructeur, de nos ennemis, car c'était bien plus par vandalisme que par nécessité que ces bourgs avaient été incendiés...

Nous reçûmes de la population messine l'accueil le plus sympathique. Une foule nombreuse nous suivait quand nous quittâmes la gare pour nous rendre au séminaire, où nous devions passer la nuit. Il était six heures lorsque nous atteignîmes cet établissement. Que de menaces furent lancées par les Messins contre les Prussiens, à la vue de ces vieillards déguisés qui excitaient l'hilarité des soldats de Guillaume ! Oh! Metz, je crois, ne sera jamais prussienne ! Elle pourra appartenir à l'Allemagne pendant longtemps peut-être, mais les habitants resteront Français de cœur ; et qu'un jour vienne à sonner l'heure de la revanche, on les verra, j'en suis persuadé, prêter un énergique concours à leurs anciens et toujours chers compatriotes!... Beaucoup, du reste, parlaient alors de quitter la ville ; ils avaient horreur des coutumes prussiennes et ne voulaient pas vivre sous le joug tudesque. Quelques-uns espéraient encore ; ils ne pouvaient croire que la France cédât une place forte, d'une aussi grande importance que celle de Metz...

Le lendemain, de charitables dames vinrent au secours des civils orléanais. Jusqu'au chemin de fer elles les accompagnèrent, en leur distribuant du pain, du fromage, de l'eau-de-vie. Une bienfaitrice inconnue poussa même la générosité jusqu'à donner à chacun d'eux un thaler. Les soldats allemands regardaient d'un œil furieux ces prussiennes de la veille, qui, devant eux, recevaient des Français avec une aussi chaleureuse sympathie.

Nous partîmes de Metz à dix heures ; à midi et demi nous descendions à Nancy pour y passer le reste du jour et la nuit. Un peu en avant de cette ville, — il n'y avait pas très-longtemps, — les francs-tireurs, pendant la nuit, avaient fait sauter un pont du chemin de fer sur la Moselle ; les Prussiens s'en étaient vengés, selon leur habitude, en réduisant en cendres un village voisin. De même qu'à Metz, les prisonniers civils furent accueillis à Nancy avec la charité la plus patriotique. Ils couchèrent chez les habitants au moyen de billets de logement qui leur furent délivrés, et le lendemain, 5 mars, de bonne heure, ils étaient réunis sur la place Stanislas, au pied de la statue de l'ancien duc de Lorraine, prêts pour le départ.

Nous suivîmes quelque temps encore la ligne de Strasbourg, puis nous la quittâmes pour descendre à Chaumont. En cette ville, je faillis encore être maltraité par un Prussien. « C'est la garde de parade de Napoléon, » s'écriait-il, en voyant descendre de wagon ces vieillards aux capotes prussiennes ; « elle va à Paris passer une revue sur la « place Vendôme ! ... » J'avais relevé le mot. Déjà le teuton s'avançait vers moi pour me frapper, lorsqu'un Polonais intervint et l'en empêcha.

Après un arrêt assez court, nous partîmes de Chau-

mont pour Tonnerre, ne stationnant que quelques instants à Châtillon-sur-Seine et à Nuits. A Tonnerre, les
civils durent coucher dans la gare ; moi, j'eus l'heureuse
chance, en trompant la vigilance d'un gardien, de passer
la nuit dans une auberge. Nous laissâmes là un prisonnier
de notre troupe, atteint depuis Metz de la petite vérole (1).

Le 6 mars, au matin, le train se mettait en marche
pour Orléans. Partout les désastres de la guerre, la désolation, la mort!... La gare de Laroche-Auxerre était
presque entièrement brûlée. Une compagnie de francs-
tireurs y avait surpris une trentaine de Prussiens et les
avait sommés de se rendre. Sur le refus de ceux-ci, les
francs-tireurs avaient entouré la gare, avaient criblé les
fenêtres de balles, et finalement y avaient mis le feu. A
la vue de l'incendie qui gagnait le premier étage où ils
étaient, les Prussiens avaient jeté leurs armes et suivi
leurs vainqueurs. — A Joigny, à Séns, à Montereau, peu
ou point d'arrêt. — A Moret commençait le service des
trains français pour Paris. Nous ne quittâmes point notre
véhicule prussien, qui partit bientôt pour ne s'arrêter
qu'à Nemours, où je remarquai un grand nombre de
maisons incendiées, puis à Montargis. Nous étions enfin
sur le territoire de notre département, nous respirions
l'air de notre pays...

De Montargis nous remontâmes sur Corbeil, où nous
fîmes un très-long arrêt sans descendre de wagon : on attendait *notre Fritz*, qui devait passer, et on faisait place à son
train. La musique militaire jouait ses bruyantes fanfares.

(1) Durand Frédéric, d'Ormes. Il mourut en cette ville,
d'après ce qui me fut rapporté.

Quand le prince royal eut dépassé cette ville, notre wagon
se remit en marche, et à Juvisy prit enfin la ligne d'Orléans.
Il faisait nuit. A peine pûmes-nous distinguer dans l'obscurité Etampes, Toury, Artenay, où nous avions passé cinq
mois auparavant, poussés par les baïonnettes d'une soldatesque impitoyable. A deux heures du matin, nous descendions à Orléans, harassés par ce voyage en chemin de fer
de plus de 450 lieues. C'était le 7 mars. Une pluie fine
arrosait la ville. Avec quelle joie nous parcourûmes les
rues orléanaises pour nous rendre de la gare à l'Hôtel-de-
Ville ! Nous ne regardions plus déjà que comme un souvenir lointain cette triste nuit, qui inaugurait en Prusse
notre captivité, où des officiers soi-disant civilisés nous
laisaient traîner inexorablement sur les pavés de la capitale poméranienne ! ... Une nuit aussi allait clore cette captivité. Qui pourrait dire de combien elle était plus
douce ?...

A la mairie, il fut délivré des billets de logement au plus
grand nombre des prisonniers ; quelques-uns se retirèrent
chez des parents ou des amis, d'autres allèrent coucher
en hôtel. Ordre fut donné à tous, par l'officier qui nous
avait accompagnés depuis Stettin, de nous trouver le
matin, à neuf heures, dans la cour de l'Hôtel-de-Ville.

Le bonheur que nous éprouvâmes en revoyant au jour
et les belles rues de la ville, et la gracieuse cathédrale, et
la vieille tour du musée, et la statue de Jeanne d'Arc, et
la Loire roulant tranquillement ses eaux, est indescriptible.
Il y eut des scènes d'une singulière étrangeté. — Une dame
à qui un civil présentait son billet de logement, croyant
reconnaître en lui un de ces voituriers germains, pillards,
et rapaces, refusait de le recevoir et ne lui accordait

l'hospitalité qu'après le récit de sa douloureuse histoire.
— Dans la rue Jeanne d'Arc, bon nombre d'Orléanais se pressaient autour de quelques civils encore revêtus de leurs habits prussiens, les prenant d'abord pour des soldats du landsturm, et leur faisant mille questions après les avoir reconnus pour des Français. Une femme s'était approchée comme les autres ; tout à coup elle jette un cri, fend la foule, et se précipite dans les bras de l'un des prisonniers : elle venait de reconnaître son mari...

A neuf heures, nous étions réunis devant l'Hôtel-de-Ville. Le commandant de place d'Orléans nous fit ranger, nous compta, puis nous dit d'une voix brève : « Vous êtes libres !... »

Ah ! vous êtes libres !... Par cette parole, le chef prussien venait de consommer le plus odieux peut-être des forfaits commis sur la terre de France par les soldats de Guillaume ! Ignorait-il donc cet officier, que la liberté qu'il semblait nous rendre avec orgueil et comme une faveur du vainqueur, nous avait été enlevée au mépris de de toutes les lois de la guerre et à la honte du gouvernement prussien ? Sans doute, s'il eût connu toutes nos souffrances, il eût rougi d'appartenir à une nation qui n'avait pas craint, au XIXe siècle, de mettre en pratique ce brutal axiome des temps barbares : « La force prime « le droit, » et il n'eût pas osé joindre l'ironie à la honte en disant impérieusement : « Vous êtes libres !... »

. . . .

Le soir du même jour, les prisonniers civils rentraient dans leurs villages de Bricy et d'Ormes. Ils y trouvaient leurs maisons délabrées ou incendiées, leurs meubles brisés, leurs effets volés, leur pays épuisé par des réquisitions incessantes... plus rien... partout la ruine... Quelques-uns, plus douloureusement éprouvés encore, avaient à pleurer la perte d'une épouse, d'un fils, d'une fille, pauvres victimes mortes en murmurant le nom de leur mari, de leur père, qui, hélas ! ne pouvait les entendre...

Moi-même, le lendemain, je retrouvais avec une joie indéfinissable ma mère, mes parents, mes amis... Je revoyais ce château de la Renardière, troué par les boulets, dégradé par les balles, noirci par la fumée, et qui, naguère encore, résonnait des éclats d'une joyeuse société... Je rentrais dans la maison paternelle, que les obus non plus n'avaient point épargnée, et j'oubliais les ennuis de la captivité dans cette petite chambre, qui était la mienne, et qui sentait encore la poudre des cartouches que les Bavarois y avaient brûlées...

ÉPILOGUE

La captivité était finie, mais le temps des
épreuves n'était point encore passé pour les
habitants de Bricy... De bien mauvais jours
suivirent le retour au pays; plus d'une famille
vit la gêne envahir le seuil du foyer... La santé du mari, affaiblie par une suite de privations
inouïes, traîna languissante, et la femme eut
grand'peine à subvenir aux besoins des enfants... Quelques-uns ne purent survivre aux
souffrances de leur long exil: ils moururent
au moins avec la consolation de reposer à
l'ombre de leur clocher... Mais jetons un voile
sur ces tableaux attristants, et rappelons que
la charité vint en aide aux prisonniers de
Stettin. La *Société anglaise des Amis (Quakers)*
prodigua là, comme partout, les pommes-de-
terre, l'orge, les différentes espèces de semences, quelques bestiaux et quelques vêtements.
Le comité départemental de secours aux blessés accorda aux plus nécessiteux une indemnité, qui leur permit d'attendre de meilleurs
jours; et tout dernièrement encore, l'État lui

même apportait aux anciens prisonniers le tribut de sa charité par l'envoi d'un secours en argent(1).

. . . .

Le 26 octobre 1871, une foule nombreuse de personnes vêtues de deuil remplissaient la petite église de Bricy ; les décorations funèbres entouraient l'autel, le chant des morts faisait monter vers le ciel ses notes graves et tristes... On célébrait un service général pour le repos des prisonniers décédés en Prusse, on bénissait un modeste monument élevé à la mémoire des victimes de Stettin... Les communes voisines n'étaient point restées étrangères à ce deuil de tout un village : les instituteurs de Boulay, de Huêtre, et nombre de personnes notables des environs assistaient à cette lugubre cérémonie... Le monument se dresse à l'entrée du cimetière : c'est une simple pierre surmontée d'une croix, et reposant verticalement sur une autre pierre servant de piédestal. Une

(1) La *Société anglaise des Amis* donna à la commune de Bricy 45 hectolitres de pommes-de-terre, 27 hectolitres d'orge, 53 hectolitres d'avoine pour semences, de la farine, et quantité d'autres graines, 3 vaches, 2 veaux, des vêtements ; — le Comité départemental fit don de 670 francs ; — et l'État envoya 2450 francs.

plaque de marbre y a été adaptée ; elle porte l'inscription suivante :

A LA MÉMOIRE

DES PRISONNIERS CIVILS DE BRICY

EMMENÉS PAR LES TROUPES ALLEMANDES

LE 11 OCTOBRE 1870,

ET DÉCÉDÉS A STETTIN EN 1870 ET 1871.

J. P. Bracquemond, 57 ans.
A. Desniau, 31 ans.
J. P. Faucheux, 46 ans.
F. Hallais, 65 ans.
A. Lefèvre, 38 ans.
H. Lefèvre, 30 ans.
J. Marchand, 69 ans.

S. Méry, 63 ans.
J. Penost, 68 ans.
P. Picard, 73 ans.
E. Sallé, 64 ans.
P. Soulas, 69 ans.
L. Thiercelin, 64 ans.

PRIEZ POUR EUX.

Sur la pierre servant de piédestal, on lit :

HOMMAGE

DES FAMILLES ET DE LA PAROISSE.

M. l'abbé Silly, curé de Bricy et de Huêtre, dans un discours qui fit verser à tous d'abondantes larmes et que je regrette de ne pouvoir reproduire entièrement, retraça en termes éloquents les malheurs de ce pays si douloureu-

sement éprouvé. « Il y a déjà plus d'un an, dit-
« il, par une de ces nuits dont vous n'oublie-
« rez jamais le souvenir, cinquante-deux hom-
« mes, arrachés violemment la veille de leurs
« maisons, repassaient dans ce pays, qui était
« le leur, sans pouvoir dire adieu à leur famille
« ni embrasser une dernière fois leurs enfants...
« Victimes d'une injuste arrestation, ils mar-
« chaient tous à la captivité ; quelques-uns,
« hélas!... et en trop grand nombre!... à la
« mort... Après tant et de si cruelles pertes,
« nous pouvons bien, il me semble, faire appel
« à la compassion publique, et, dans ce jour
« de deuil général, nous écrier, comme le pro-
« phète Jérémie : « *O vous tous, qui passez par*
« *le chemin, arrêtez-vous et voyez s'il y a une*
« *douleur comparable à la nôtre!* (1). »

« Cependant, dans votre malheur, Dieu vous
« a épargné une peine, celle de voir défiler de-
« vant vos yeux le lugubre cortége des vôtres,
« emmenés, conduits et gardés par une brutale
« soldatesque... Ah! ceux-là, et ceux-là seuls,
« à qui il a été donné de contempler ce triste
« spectacle, savent tout ce qu'il avait de na-
« vrant. On voyait pêle-mêle des jeunes gens,
« des hommes faits, des vieillards infirmes et

---

(1) « O vos omnes qui transitis per viam, attendite et videte
« si est dolor sicut dolor meus.» (*Lamentations.*)

« à cheveux blancs. Quelques-uns de ces mal-
« heureux étaient à peine vêtus, et encore dans
« le costume léger du travail; d'autres mar-
« chaient pieds nus, sans cesse harcelés par
·« des conducteurs impitoyables; tous souf-
« fraient de la faim et de la soif, tous portaient
« la mort dans l'âme et des larmes dans les
« yeux; tous enfin pouvaient crier aux habi-
« tants des pays qu'ils traversaient : « *O vous,*
« *qui êtes nos concitoyens, arrêtez-vous et voyez*
« *s'il y a un malheur comparable au nôtre !* »
« Mais la captivité, les douleurs, les priva-
« tions, les mauvais traitements eux-mêmes
« ne sont plus rien quand on revoit sa patrie,
« quand on retrouve sa famille, ses enfants,
« ses amis! Le mal passé n'est plus alors qu'un
« songe lointain, et la tristesse ne tarde pas
« à se changer en une joie difficile à dépeindre :
« ceux-là le savent bien à qui Dieu a fait la
« grâce d'un heureux retour. Ah! sans doute,
« le foyer domestique leur a paru plus cher,
« les embrassements de leurs parents plus
« doux, les caresses de leurs enfants plus ai-
« mables. Ils se sont réjouis, et nous avec
« eux !...
« Cependant, malgré ces retours, nous trou-
« vons notre malheur encore immense, et
« nous pleurons!... Nous pleurons, parce que
« plusieurs, à leur arrivée, ont trouvé des

« vides dans leurs maisons... C'était une
« épouse ou des enfants que Dieu avait ap-
« pelés à lui pendant leur captivité... Nous
« pleurons, parce que des parents ne reverront
« jamais leurs enfants, des femmes leurs ma-
« ris, des enfants leurs pères !... Nous pleu-
« rons enfin, parce que treize de nos frères sont
« morts loin de nous, sur une terre où per-
« sonne n'ira prier sur leurs tombes...

« Notre malheur est donc encore bien grand ;
« voilà pourquoi, à l'entrée de votre cime-
« tière, se dresse un monument, hommage de
« votre généreuse affection. A lui seul, il rap-
« pellera votre lamentable histoire ; il redira et
« votre injuste arrestation, et votre douloureux
« voyage, et votre retour incomplet, et le nom
« de nos chers défunts... Chaque dimanche,
« quand vous vous rendrez aux offices, il vous
« fera entendre, en vous demandant l'aumône
« d'une prière, cette parole de mon texte :
« *O vous tous, qui passez par le chemin,*
« *arrêtez-vous et voyez s'il y a une douleur*
« *comparable à la nôtre !...* » Et ce gémisse-
« ment, il le redira, dans la suite des âges,
« à vos enfants et aux enfants de vos enfants. »
Oui, certes, de même qu'il entretiendra
dans l'âme de ces futurs soldats, « sinon la
« haine, qui ne va pas lontemps au chrétien
« et au Français, du moins le désir invincible

« de restituer à notre pays toute sa force,
« toute son influence dans le monde (1), » ce
désir dont l'accomplissement sera du reste la
plus éclatante vengeance de leurs pères... Il y
entretiendra aussi l'horreur du nom prussien,
qui jusque-là, dans aucun hameau de France, ne
s'est assurément conservée aussi vive que dans
celui de Bricy... horreur qui fait dire déjà à
l'enfant de ce village, comme à l'*enfant grec*
du poète :

« Je veux de la poudre et des balles ! (2). »

(1) Circulaire de M. Guiselin, inspecteur d'Académie, —
16 mai 1871.

(2) Victor Hugo, *l'Enfant*.

LISTE ALPHABÉTIQUE

DES

PRISONNIERS CIVILS EMMENÉS EN PRUSSE

PAR LES TROUPES ALLEMANDES

1° PRISONNIERS DE BRICY

REVENUS AU VILLAGE APRÈS LA CAPTIVITÉ :

BLOTTIN (CHARLES), tailleur de pierres, 42 ans.

BLOTTIN (FERDINAND), journalier, 40 ans.

BOURGEOIS (VICTOR), tailleur de pierres, 44 ans.

FAUCHEUX (ALPHONSE), cultivateur, 19 ans, de Huêtre, arrêté à Bricy.

FAUTRAS (GUSTAVE), instituteur, 20 ans.

FRICHETEAU (JEAN-PIERRE), journalier, 50 ans.

GASNIER (LOUIS), tailleur de pierres, 27 ans.

GUÉRIN (CLÉOPHAS), maçon, 30 ans.

GUÉRIN (FRANÇOIS), maçon, 53 ans.

HOUZÉ (ALEXANDRE), meunier, 34 ans.

JOSEPH (NARCISSE), charretier, 18 ans.

LECOING (ALEXANDRE), journalier, 40 ans.

LUBIN (LÉONARD), charron, 66 ans.

LUBIN (ULYSSE), charron, 39 ans.

MARTEAU (CÉLESTIN), cultivateur, 36 ans.

MARTIN (ALEXANDRE), bourrelier, 34 ans.

MÉRY (AIMABLE), journalier, 53 ans.

MÉRY (ÉMILE), journalier, 23 ans.

MIARD (LOUIS), journalier, 49 ans.

MOREAU (ALEXIS), berger, 36 ans.

PEIGNÉ (FRANÇOIS), couvreur, 22 ans.

PENOT (LOUIS), berger, 68 ans.

ROGER (DÉSIRÉ), maçon, 50 ans.

SAUTHIER (MYRTIL), journalier, 41 ans.

2° PRISONNIERS DE BRICY

DÉCÉDÉS EN PRUSSE :

BRACQUEMOND (JEAN-PIERRE), 57 ans, décédé le 8 janvier 1871.

DESNIAU (ALEXANDRE), 31 ans, décédé le 4 décembre 1870.

FAUCHEUX (JEAN-PIERRE), 46 ans, décédé le 23 décembre 1870.

HALLAIS (FRANÇOIS), 65 ans, décédé le 9 novembre 1870.

LEFÈVRE (AIGNAN), 38 ans, décédé le 27 novembre 1870.

LEFÈVRE (HENRI), 30 ans, décédé le 16 janvier 1871.

MARCHAND (JEAN), 69 ans, décédé le 22 octobre 1870.

MÉRY (SÉBASTIEN), 63 ans, décédé le 7 février 1871.

PENOT (JACQUES), 68 ans, décédé le 31 octobre 1870.

PICARD (PROSPER), 73 ans, décédé le 4 janvier 1871.

SALLÉ (ÉTIENNE), 64 ans, décédé le 5 novembre 1870.

SOULAS (PASQUIER), 69 ans, décédé le 10 novembre 1870.

THIERCELIN (LOUIS), 64 ans, décédé le 8 novembre 1870.

NOTA. — 10 prisonniers civils, également de Bricy, avaient pu s'échapper des mains des Prussiens dans le trajet d'Ormes à Nogent-l'Artaud ; 5 autres étaient restés dans les hôpitaux français.

3° PRISONNIERS D'ORMES

ET D'AUTRES LIEUX REVENUS EN FRANCE APRÈS LA CAPTIVITÉ :

BALAC (PAULIN), journalier, de Chaingy.

BARBIER (JOSEPH), du département des Vosges.

BARATTIN (AUGUSTE), vigneron, d'Ormes.

BRUAND (FRÉDÉRIC), vigneron, d'Ormes.

CHEVEAU (VICTOR), vigneron, d'Ormes.

DURAND (FRÉDÉRIC), journalier, d'Ormes.

FLEURY (JEAN-JACQUES), menuisier, de Saint-Jean-de-la-Ruelle.

GERMOND (LOUIS), terrassier, d'Orléans.

GOUEFFON (DÉSIRÉ), vigneron, d'Ormes.

GRIMAULT (PHILIPPE), vigneron, d'Ingré.

LECOMTE (JEAN-PIERRE), du département d'Eure-et-Loir.

LEGRETTIN (AUGUSTE), journalier, de Boulay.

MAUBAILLY (JOSEPH), vigneron, d'Ormes.

MOREAU (JEAN-BAPTISTE), vigneron, d'Ormes

PECQUENARD (ÉLIE), terrassier, d'Orléans.

ROBILLARD (de MOISSY), propriétaire, d'Ormes.

VAILLANT (DÉSIRÉ), régisseur, d'Ormes.

VIALA (JEAN), paveur, d'Orléans.

4° PRISONNIERS DE DIFFÉRENTS LIEUX

DÉCÉDÉS EN PRUSSE :

BLOT (JOSEPH), de Saint-Jean-de-la-Ruelle, décédé le 7 novembre 1870.

GIGOU (EUGÈNE), d'Ingré, décédé le 23 octobre 1870.

JOLY (MICHEL), d'Orléans, décédé le 28 octobre 1870.

LOINTHIER (ROMAIN), d'Orléans, décédé le 16 janvier 1871.

MORIN (MAXIMILIEN), de Patay, décédé le 3 novembre 1870.

NOTA. — A notre arrivée en Prusse, le 22 octobre 1870, il y avait donc au *fort Preussen* soixante prisonniers civils.

ERRATA.

Pages 17, 70, 115 : notes : au lieu de : *Vollstandige.... franzosischen*, lisez : *Vollstændige..... franzœsischen.*

— 41,   ligne 5 : au lieu de *immobilité*, lisez : *immobilité de statue.*

— id,   ligne 7 : au lieu de : *dit* lisez : *du.*

— 60,   note : lisez : *Preussisch Chausseearbeiter.*

— 62,   ligne 20 : au lieu de *schnaps*, lisez : *schnapps.*

— 119,   ligne 30 : au lieu de *fermé* lisez : *formé.*

TABLE

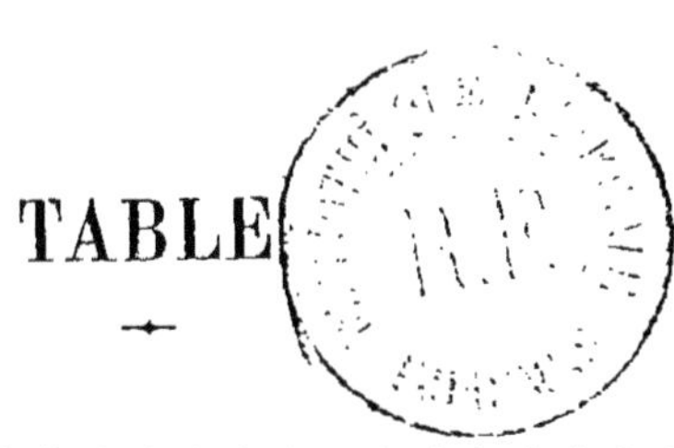

PREMIÈRE PARTIE

D'ORLÉANS A STETTIN.

CHAPITRE PREMIER

CHAPITRE II

CHAPITRE III

CHAPITRE IV

DEUXIÈME PARTIE

CAPTIVITÉ. — RETOUR.

CHAPITRE PREMIER

CHAPITRE II

CHAPITRE III

CHAPITRE IV

CHAPITRE V

CHAPITRE VI

Orléans. — Imp. Ernest Colas.

EXTRAIT DU CATALOGUE

DE LA

Librairie SEJOURNÉ

RUE DES CARMES, 41.

ORLÉANS.

L'Invasion Prussienne de 1870.

1° *Les Bavarois à Orléans*, par l'abbé Th. Cochard, 1 vol. in-18 raisin de 124 pages. — Prix : 75 c.

2° *Les Prussiens à Orléans*, par l'abbé Th. Cochard, 1 vol. in-18 raisin de 216 pages. — Prix : 1 fr. 25.
Le même avec carte. — Prix : 1 fr. 50.

Premier anniversaire du combat d'Orléans (11 octobre 1870), par l'abbé Th. Cochard, une brochure in-8°, 25 c.

Origine apostolique de l'église d'Orléans. Saint Altin, premier évêque d'Orléans, précédé d'une lettre de Mgr Dupanloup, évêque d'Orléans, par l'abbé Th. Cochard, membre de l'Académie de Sainte-Croix d'Orléans, 1 vol. in-12 de 180 pages. — Prix : 2 fr.

M. A. Johanet, chanoine d'Orléans. directeur au Grand-Séminaire, décédé le 22 février 1873, une brochure in-8°. — Prix : 50 c.

Testament d'un Ouvrier publié par un de ses amis.

L'exemplaire............................... 15 c.
14₁10 exemplaires .... 1 f. 50
150₁100   —   15   »
1600₁1000   —   150   »

Les Campagnes d'un vieux Soldat ra-
contées par lui-même; dialogue amusant pour distribution de prix, par A. R.
Une brochure in-12. — Prix : 40 c.

Cinq mois de captivité, journal d'un prisonnier
civil en Prusse, par Gustave Fautras, instituteur, ancien
élève de l'École Normale d'Orléans,
1 volume in-12, de 216 pages. — Prix : 1 fr. 75 c.

La grande Bible des Noëls, nouvelle édition
revue, corrigée et mise dans un meilleur ordre, aug-
mentée des Noëls d'Orléans, Blois, Bourges, Tours,
Artenay, Saint-Benoît-sur-Loire, Arpajon et Clamecy,
et d'un vocabulaire pour l'intelligence du vieux
langage, 1 vol. in-12. — Prix : 1 fr.

Évangiles à l'usage du diocèse d'Orléans,
1 vol. in-18 cart. — Prix : 30 c.

Semaine-Sainte à l'usage du diocèse d'Orléans,
Reliure basane gaufrée, tranche marbrée .. 2 f. 50 c.
  —   —   —   —   dorée...... 3   50
  —   chagrin deuxième choix........ ... 5   »
  —   —   premier choix........... 6   »
  —   —   tranche rouge ou bleue,
            semée or, deux fermoirs.. 10   »

Manuel de la Confrérie de Notre-Dame des Sept-Douleurs, par M. l'abbé Bellu, chanoine honoraire d'Orléans, deuxième édition.

1 vol. in-18 broché — Prix 1 fr. — reliure percaline, tranche jaspée, 1 fr. 50 c.

Manuel de la dévotion au divin Cœur de Jésus et au Cœur immaculé de Marie, par M. l'abbé Bellu, chanoine honoraire d'Orléans.

1 vol. in-32, reliure anglaise, tranche marbrée, 60c.
—   —   —   . dorée, 75 c.

Nouveau Manuel et Cantiques pour les retraites paroissiales dans le diocèse d'Orléans, édition suivie de l'exercice du chemin de la croix. — Prix : 10c.

Petit Manuel de l'Archiconfrérie en l'honneur du très-saint et très-immaculé Cœur de la Bienheureuse Vierge Marie établie dans l'église paroissiale de Saint-Paul, et aggrégée à l'Archiconfrérie de Notre-Dame des Victoire à Paris, 1 vol. in-18. — Prix : 30 c.

Recherches historiques sur l'Orléanais, ou essai sur l'histoire, l'archéologie, la statistique des villes, villages, hameaux, églises, chapelles. châteaux-forts, abbayes, hôpitaux et institutions de l'Orléanais, proprement dit, depuis l'époque celtique jusqu'à nos jours, par M. l'abbé Patron, chanoine, aumônier du Sacré-Cœur d'Orléans, membre de la Société archéologique d'Orléans et d'autres sociétés savantes,
2 vol. in-8°. — Prix 10 fr.

Les Hommes illustres de l'Orléanais, biographie générale des trois départements du Loiret, d'Eure-et-Loir et de Loir-et-Cher, publiée par MM. C.

Brainne, J. Debarbouiller et Ch. F. Lapierre, avec le concours d'une société d'ecclésiastiques, de magistrats, de professeurs et d'hommes de lettres,

2 vol. grand in-8° brochés. — Prix: 5 fr. — reliés, 7 fr.

Géographie, histoire, statistique et archéologie du département du Loiret (trente-six gravures et une carte), **par Adolphe Joanne.**
1 vol. in-12 cart. — Prix : 1 fr. 50.

Nouvelle carte du département du Loiret,
A l'usage des commerçants, indiquant les divisions administratives, les chemins de fer, les usines, fabriques, manufactures et établissements industriels des chefs-lieux, des communes et des hameaux, dressée par A. Vuillemin, geographe, collée sur toile avec gorge et rouleau. — Prix: 8 fr.

OUVRAGES

De M. Alexandre Lemoine, maître de chapelle à la Cathédrale d'Orléans.

Cours complet de musique vocale (théorie et pratique), par Alexandre Lemoine, maître de chapelle à la Cathédrale d'Orléans.
1re partie — Cours élémentaire, grand in-8° cartonné. Prix : 5 fr.

Accompagnements d'orgue (très-faciles) des chants populaires de la liturgie, par Alexandre Lemoine, maître de chapelle à la Cathédrale d'Orléans.
1re partie — offices du matin, grand in-8°. — Prix : 1 fr. 50 c.

2ᵉ partie — offices du soir, grand in-8º. — Prix : 2 fr.

Premiers éléments du plain-chant (théorie et pratique) à l'usage des Séminaires, des Ecoles normales et des Maitrîses, par Alexandre Lemoine, maître de chapelle à la Cathédrale d'Orléans, grand in-8° broché. — Prix : 1 fr.

Chants d'école, recueil de chœurs sans accompagnement, à une, deux et trois voix égales, suivi de motets avec accompagnement d'orgue ou d'harmonium, le tout d'une exécution très-facile, à l'usage des Salles d'asile et des cours de musique vocale dans les maisons d'instruction publique, par Alexandre Lemoine, grand in-8º cart. — Prix : 3 fr.

Cantiques faciles pour toutes les fêtes de l'année, pour le mois de Marie, la fête de saint Joseph, de saint Louis de Gonzague et de sainte Cécile, pour le catéchisme, les exercices d'une retraite, la communion, la confirmation, etc., mis en musique pour l'usage des maisons d'éducation, et publiés avec l'approbation de Mgr l'évêque de Blois, par Alexandre Lemoine, 1 vol in-18. — Prix : 1 fr. 50 c.

Tableau omnitonique, par Alexandre Lemoine, maître de chapelle à la Cathédrale d'Orléans, 2 feuilles in-plano, collé sur toile avec gorge et rouleau. — Prix : 12 fr.

————⋇————

Abonnement aux Annales religieuses de la ville et du diocèse d'Orléans.

FONDS DE L'ANCIENNE LIBRAIRIE

VEUVE PELLISSON-NIEL.

Office de saint Charles, in-12 noté............ 50 c.
—   de sainte Christine, in-18............ 30
—   id.   in-12 noté 50
—   de saint Donatien et Rogatien, in-18..... 30
—   de saint Fiacre, in-18............... 30
—   de la Conversion de saint Paul, in 18..... 30
—   de la Commémoration de saint Paul, in-18. 30
—   de saint Paterne, in-18............... 30
—   de saint Pierre-ès-Liens, in-18......... 30
—   du saint Nom de Jésus, in-18.......... 30
—   de saint Vincent, in-18............... 30
—   id.   in-12 noté............ 50
—   du Saint-Sacrement, in-8° broché....... 75
—   des Morts, in-8° broché .... 1 fr. »
—   de saint Marc et des Rogations, in-8° br.. 50
Vespéral (Michel) 50

Nouvel office de l'Immaculée Conception de la Bienheureuse Vierge Marie, à l'usage des fidèles, en latin et en français, in-32.................. 15

ABONNEMENTS SANS FRAIS

A TOUS LES JOURNAUX DE PARIS.

PAPETERIE

FOURNITURES DE BUREAUX

Plumes, porte-plumes, crayons, porte-crayons, porte-mines, ardoises, crayons ardoises ; encre en poudre, encre de Mathieu Plessy et Gardot, encres de couleur ; — Cartons écolier ; — Cartons à dessin ; — Modèles d'écriture ; — Modèles de dessin, d'architecture, d'agriculture, au trait et au lavis ; — Cassettes de mathématiques ; — Plumes métalliques ; — Transparents, cartes à jouer, etc.

Cahiers écoliers, blancs et réglés ; cahiers clef de l'écriture, Godchaux, Rollin, Taiclet, Victorin, méthode des Frères des Écoles chrétiennes. etc. etc,

Papier à lettre, papier vergé, papier blanc et de couleur, papier en rouleaux, papier d'emballage ; — Registres ; — Réglures en tous genres.

IMAGERIE RELIGIEUSE.

Matériel de Classe — Matériel d'Asile.

Appareil pour le système métrique; Globes, Sphéres, et Atlas. — Tableau des poids et mesures, Cartes géographiques.

Organisation spéciale

POUR LES FOURNITURES DE ;

BIBLIOTHÈQUES SCOLAIRES CLASSIQUES;
BIBLIOTHÈQUES SCOLAIRES D'ADULTES ;
BIBLIOTHÈQUES COMMUNALES ;
BIBLIOTHÈQUES PAROISSIALES.

LIVRES de Théologie, Sciences et Arts, Histoire, Voyages, Piété, Éducation, Littérature.

LIVRES CLASSIQUES
Français, Latins, et Grecs,

Livres pour distribution de Prix

Livres classiques pour Collèges, Séminaires, Pensions, et Écoles Primaires.

ALMANACHS.

IMPRIMÉS POUR MAIRIE.

ENCENS — ENCRE EN POUDRE.

Achat et Vente de Bibliothèques.

COMMISSION EN LIBRAIRIE.

Orléans. — Imp, Ernest Colas.

www.ingramcontent.com/pod-product-compliance
Ingram Content Group UK Ltd.
Pitfield, Milton Keynes, MK11 3LW, UK
UKHW021903070726
13613UKWH00001B/300